Mit den Besten
Wünschen
vor Franz Wöll

FRANK GÖHRE

WUNDERLICH

FRÜHSTÜCK MIT MARLOWE

REZEPTE UND GESCHICHTEN

Ein kulinarischer Streifzug durch die internationale Krimiszene mit 180 Rezeptideen
und sachdienlichen Hinweisen auf Raymond Chandler, James Ellroy,
Friedrich Glauser, Dashiell Hammett, Alfred Hitchcock, Chester Himes,
M. Vázquez Montalbán, Poul Ørum, Robert B. Parker, Sjöwall/Wahlöö, Jim Thompson,
Janwillem van de Wetering und viele andere.
Illustrationen von Hendrik Dorgathen

1.–6. Tausend September 1991
7.–9. Tausend April 1992
Copyright © 1991 by Rowohlt Verlag GmbH,
Reinbek bei Hamburg
Umschlag und Illustrationen von Hendrik Dorgathen
Layout: Walter Hellmann und Ulrike Kuhr
Alle Rechte vorbehalten
Quellenangaben siehe Quellenverzeichnis
Satz aus der Cochin und der Frutiger
Lithografien von Dequa-Repro, Hamburg
Gesamtherstellung Clausen & Bosse, Leck
Printed in Germany
(ISBN 3 8052 0521 X)

INHALT

• •

DIE AMERIKANER

• •

DIE EUROPÄER

• •

EINLEITUNG

● ●

Die meisten Schriftsteller
können nichts, weil sie die
Rudimente der Kochkunst nicht
verstehen

Friedrich Glauser

● ●

Kochen im Krimi – das schmeckt nach Arsen und Spritzgebäck, nach Totschlag mit tiefgefrorener Lammkeule. Da denken wir an englische Landsitze, auf denen ein Lord zu Tisch bittet und überraschend das Zeitliche segnet. Wer mag da was in die Suppe gerührt oder der Pastetenfüllung beigemengt haben?

Fragen an Köchin und Butler, Spurensicherung auf Gewürzbord und in Töpfen und Pfannen. Die Küche als Tatort ist ein beliebtes Motiv. Doch Arsen, Blausäure und andere todbringende Essenzen sind nur ein Aspekt im breiten Spektrum der Kriminalromane.

Ein wesentlich interessanterer ist, daß in vielen Krimis gern und reichlich gegessen wird – ohne katastrophale Folgen an Leib und Seele. Das jedenfalls fiel mir eines Tages auf – beim Fasten. Es gibt ja diese Zeiten, in denen man sich den Kommandos und Spruchweisheiten der Illustriertenschreiber nicht mehr entziehen zu können glaubt. «Pfunde runter!» – «Ran an den Winterspeck!» – «Dicke leben kürzer!» – «Fett ist out!» – «Fit in den Frühling!» Das alljährliche Spektakel ist bekannt und greift. Für Tage und Wochen ist dann stilles Wasser und Kräutertee angesagt, eingeweichte Dörrpflaume und ein Löffelchen Honig aus dem Angebot des Ökoladens. Das entschlackt den Körper und schärft den Geist.

Auch mein Blick wurde klarer, und ich entdeckte beim Schmökern meiner alten und immer wieder neuen Lieblingslektüre Passagen, die mir vorher nicht sonderlich aufgefallen waren: Die harten Cops und einsamen Detektive ließen es sich gut schmecken. Sie scherten sich sonstwas um Kalorientabellen und Gesundheitsfirlefanz, schaufelten Eier und Speck in sich hinein, verschlangen riesige Steaks und gönnten sich zudem Süßes und auch noch einen kräftigen Happen zwischendurch.

Kaum ein Krimi, in dem nicht vom Essen die Rede ist – sei es als knapper Hinweis auf ein ausgiebiges Frühstück oder, weitaus häufiger, als detaillierte Beschreibung selbst kreierter Gerichte.

Mehr und mehr verstärkte sich bei mir der Eindruck, daß zwischen genüßlichem Verzehr und aufzuklärenden Mordfällen ein Zusammenhang besteht: Detektive und Kommissare sind Jäger, die Verbrecher, die Mörder sind das von ihnen gejagte Wild. Bevor sie es endgültig zur Strecke gebracht haben, verleiben sie sich ersatzweise die verschiedensten Speisen ein.

Was Wunder, daß gerade fanatische Ermittler große Esser sind. Aber auch auf der Gegenseite, bei den Mördern, sind es immer die, die ebenfalls von einem starken Trieb beherrscht werden – Killer mit einem vergleichbar «angeregten Appetit» auf ihre Opfer. Menschen werden des anderen Nahrung. Kannibalismus als eigentliches Thema, das sich sogar in den Kochritualen und im Verspeisen der Mahlzeit ausdrückt.

Das mag eine Erklärung für die ausschweifenden «Tafelfreuden» vieler Protagonisten in den Kriminalromanen sein – sicher nicht die einzige. Eine weitere findet sich in den Äußerungen der Autoren über ihr Leben und Schreiben. Sie lassen durchblicken, daß sie gutes Essen schätzen, selbst gern in der Küche ein Rezept ausprobieren, ein gelungenes Gericht sie ebenso befriedigt wie der Abschluß eines Kapitels oder eines Dialogs.

An der Schreibmaschine wie am Herd ist sauberes Handwerk und reichlich Phantasie erforderlich. Die Idee ist geboren, der Plot ist bereits erarbeitet, Fleisch und Gemüse sind eingekauft – nun soll und muß daraus eine runde Sache werden, schmackhafte Kost für hungrige Leser, für liebe Gäste.

Aber: «Dosieren, wissen Sie, dosieren. Das muß man in den Fingerspitzen haben. Die meisten Schriftsteller können nichts, weil sie die Rudimente der Kochkunst nicht verstehen.» Das schrieb der «Vater des deutschsprachigen Kriminalromans», Friedrich Glauser, an eine Freundin. Und er ist nicht der einzige, der seine Romane vorzüglich zu würzen verstand und auch seinen Helden keinen Kostverächter sein ließ. Glauser und seine Kollegen aus Europa und Amerika bitten zu Tisch, wollen Ihre Gastgeber sein.

Was ihre Bücher an Rezepten und Rezeptideen enthalten, habe ich zusammengestellt – als Anregung für ein Frühstück à la Marlowe, einen Imbiß, wie ihn Sam Spade bevorzugt, Lunch und Dinner nach Art des Hauses Nero Wolfe. Ich habe mich bemüht, sämtliche Gerichte so aufzubereiten, daß sie leicht zu kochen sind. Zwar sind die Mengen nicht immer auf das Gramm genau und exakt auf die Person berechnet, ich denke aber, daß eine gewisse Grundkenntnis des Kochens ausreicht, das Essen nicht zum Debakel werden zu lassen. Halten Sie es notfalls mit Robert B. Parkers Held Spenser, der sich allein auf seinen Geschmack verläßt und einfach etwas ausprobiert. Es braucht manchmal wirklich nur ein wenig Phantasie.

Lassen Sie sich also von Marlowe & Co. anregen und verführen.

WAS MAN
IN DER KÜCHE BRAUCHT

GERÄTSCHAFTEN

Mindestens 2 größere Holzbretter für die Zubereitung von Fisch, Fleisch und Gemüse. 1 Kunststoffbrett zum Kräuterhacken. 2 unterschiedlich große Holzlöffel. 1 Bratenwender aus Holz. 1 Bratenwender, Leichtmetall. 1 Schneebesen. 1 Küchenzange. 1 Küchenpinsel. 1 Großlöffel. 1 Großgabel. 1 Fleischgabel. 1 Satz Küchenmesser. 1 Kartoffelschälmesser. 1 Kräuterhobel. 1 Salatbesteck. 1 Suppenkelle. 1 großes Sieb. 1 Trichter. 1 Reibeisen. 1 Küchenschere. 1 Geflügelschere. 1 Dosenöffner. 1 Korkenzieher. 1 Kronkorkenöffner. 1 Dosenlocher. 1 Zitruspresse. 1 Knoblauchpresse. 2 Pfeffermühlen für weißen und schwarzen Pfeffer. 1 Salzstreuer. Topflappen. Geschirrtücher. 1 feuerfester Untersatz. 1 runde und eine viereckige feuerfeste Glasform mit Deckel. 1 Römertopf. 3 verschieden große Kochtöpfe. 2 Bratpfannen. 3 verschieden große Porzellanschüsseln. 1 große Salatschüssel. Mindestens für 4 Personen komplettes Eßgeschirr und Besteck. 1 Kaffeemaschine mit Filtern. 1 Espressomaschine. 2 Tabletts.

VORRÄTE

Butter. Eier. Instant-Brühe. Kaffee. Espresso. Kartoffeln. Knoblauch. Pflanzenfett. Reis. Salz. Semmelmehl. Scharfer und grober Senf. Speck. Verschiedene Sorten Tee. Bandnudeln. Spaghetti. Tomatenmark. Parmesankäse. Kapern. Sardellen. Grüne und schwarze Oliven. Frische Tomaten. Weizenmehl. Zucker. Zwiebeln. Dosenbier. Dosenmilch. Essig. Ketchup. Olivenöl. Rot- und Weißwein. Brandy. Sojasauce. Tabasco. Worchestersauce. Feine Erbsen in Dosen. Rote Bohnen in Dosen. Mais in Dosen. Gurken im Glas. Mayonnaise. Tube Meerrettich. Dose Ölsardinen. Zitronen. Sahne.

GEWÜRZE

Anis. Basilikum. Bohnenkraut. Cayennepfeffer. Chilifeffer. Curry. Dill. Estragon. Ingwer. Koriander. Kresse. Kümmelpulver. Lorbeerblatt. Majoran. Muskat. Nelken. Oregano. Paprika, scharf. Paprika, mild. Peperoni. Petersilie. Pfefferkörner, schwarz. Pfefferkörner, weiß. Pfefferminze. Rosmarin. Safran. Salbei. Schnittlauch. Thymian. Vanille. Wacholderbeeren. Zimt.

DIE AMERIKANER

ES HAT MICH GEFREUT, SIE KENNENZULERNEN, MR. MARLOWE

• •

Jim Thompson und die einsamen
Helden der frühen Jahre

• •

Irgendwann im Frühjahr 1975 saß der alte Mann in der Maske. Er wurde nicht groß geschminkt. Ein paar Bürstenstriche durch das dünne, links gescheitelte Haar, etwas Puder. Dann konnte das Frisiertuch schon wieder abgenommen werden, und der alte Mann durfte aufstehen: Mr. James Myers Thompson warf noch einen Blick in den Spiegel und verlangte nach einem Drink. Vielleicht hat er sich sogar gleich eine ganze Flasche Jack Daniels kommen lassen.

Ein Drehtag in Hollywood ist lang, und Robert Mitchum wird nicht abgewinkt, sondern gut mitgehalten haben. Der nämlich war gleich nebenan fertig gemacht worden und hatte ohnehin in der schon eingerichteten Szene einen zu kippen. Mitchum mimte den Philip Marlowe, und der Kriminalromanautor Jim Thompson hatte einen kleinen Auftritt als Richter Grayle – «Farewell, My Lovely», inszeniert von Dick Richards. Thompson und Mitchum reichten sich da die Hand, und der alte, abgewrackte Mann sagte: «Es hat mich gefreut, Sie kennenzulernen, Mr. Marlowe.»

«Cut» und «Danke, das war's». Nach möglicherweise mehreren Klappen. Danach wird Jim Thompson wieder an seinem Tisch bei Musso & Frank am Hollywood Boulevard gesessen und verschärft getrunken haben. Er war in diesem Jahr bereits ziemlich am Ende. Nun, er hatte ja auch einiges hinter sich.

«Well, Sir», würde er sagen. «Genau betrachtet bin ich von klein auf gekniffen worden. Ich meine das nicht im übertragenen Sinn, sondern ganz handfest. Ich war ein unbeholfener Knirps mit zu großem Kopf, stets in Gefahr, ins Stottern zu geraten oder über meine eigenen Füße zu stolpern. Meine Schwester Maxine, obwohl eigentlich jünger als ich, war leichtfüßig, pfiffig, schlagfertig und extrem mobil. Wenn meine Handlungen und mein Aussehen sie reizten – und das schien beinahe ständig der Fall zu sein –, dann kniff sie mich. Wenn es mir nicht gelang, ihren Befehlen rasch genug zu gehorchen, kniff sie mich auch. Die Metapher ‹Glatt wie ein Kinderpopo› ist für mich immer bedeutungslos geblieben. Meine kindliche Kehrseite ist offenbar andauernd mit Kohlenzangen gezwickt worden.»

Das war eine seiner frühesten Erinnerungen und bestimmte später wesentlich die Schreibhaltung des Mannes mit, der eigentlich immer den kürzeren zog.

Geboren wurde er 1906 in Anadarko, Oklahoma. Sein Vater war ein typischer Verlierer, hat nie richtig Fuß gefaßt und ist ständig betrogen und ausgenutzt worden. Er reiste viel im Land umher, versuchte dieses und jenes, war mal Marshal eines Indianerreservats, wollte ins Ölgeschäft einsteigen, scheiterte, verschuldete sich – die Familie nagte buchstäblich am Hungertuch. Der kleine Jim kam zeitweise in die Obhut des Großvaters, und der lehrte ihn das Saufen, ließ ihn dicke Zigarren paffen und schleppte den Jungen mit in Billardhöhlen und Shows. Als Schüler überforderte er sich dann restlos, jobbte gleich nach dem täglichen Unterricht in einem Hotel.

«Yeah, in rascher Folge arbeitete ich als Nachtvertretung Rechnungsbelege durch, setzte mich in die Telefonvermittlung, war Fahrstuhlführer, stand am Dampfbügeleisen und war stellvertretender Maître d'hôtel, doch letztlich arbeitete ich weiter als Page. Ich denke schon, daß die Herausforderung, so viele Aufgaben zu erfüllen, letztlich gut für mich gewesen ist, und gewiß erwarb ich mir dabei wertvolle Erfahrungen. Doch gesundheitlich ging es mir dadurch nicht besser. Ich schleppte mich durch die Monate und wurde dabei das schlimme Gefühl nicht los, daß ich langsam in Stücke ging.»

Mit Achtzehn hatte er einen totalen Nervenzusammenbruch. Ein Arzt konstatierte Lungentuberkulose und Delirium tremens.

«Von einem rein medizinischen Standpunkt aus hätte ich sterben müssen. Es war ein glücklicher Umstand für mich, daß ich von einem widerstandskräftigen, sehr rauhen Menschenschlag abstamme. Während ich mehrere Monate ans Bett gefesselt blieb, lebte ich weiter, weil tief in mir der Wille zum Überleben steckte und auch, weil ich zu störrisch war, um zu sterben. Schließlich war ich wieder imstande herumzulaufen, und so stand ich eines Tages frühmorgens am Rande des Highways mit vorgestrecktem Arm, den Daumen nach oben, mein kleines Bündel unter den anderen Arm gepreßt. Darin steckten Sachen zum Wechseln, Zahnbürste und Rasierapparat, ein Schreibblock und Bleistifte.»

Jim Thompson machte sich auf, Schriftsteller zu werden. Natürlich klappte das nicht auf Anhieb. Drei Jahre arbeitete er in den entlegensten Gebieten von Westtexas als Laufbursche, Aushilfe und auf Ölfeldern. Eines Tages geriet er an einen Deputy Sheriff.

«Er war ein gutaussehender Typ. Das Haar unter seinem zurückgeschobenen Stetson war kohlschwarz, und seine anthrazitfarbenen, intelligenten Augen standen weit auseinander in einem sonnengebräunten Gesicht mit feinen Zügen. Ich nahm an, daß er gekommen war, mich abzufischen. Er grinste mich an. Okay, sagte ich. Gehen wir. Er grinste mich weiter unverwandt an, doch das Grinsen war starr, humorlos, und ein Schleier schien sich über seine Augen zu senken. Warum bist du so sicher, daß du überhaupt irgendwo hingehen wirst, sagte er weich. Es ist verdammt einsam hier. Meilenweit keine Seele außer dir und mir. Ich war wie gelähmt und merkte, daß sich in meinem Bauch ein kalter Klumpen bildete. Ich habe mich später oft gefragt, ob er nur geblufft hatte. Wollte er nur mal einem leichtsinnigen Burschen einen gehörigen Schrecken einjagen? Oder war es vielleicht ganz anders gewesen? Hatte nicht vielleicht meine Unbedarftheit ihn von dem Mord abgehalten, der mir zugedacht gewesen war? Nun, ich kam jedenfalls davon, und ich brauchte beinahe dreißig Jahre, bis es mir gelang, diesen Typ zur Figur eines meiner Romane zu machen.»

Er nannte ihn Lou Ford und gab dem Roman den Titel «The Killer Inside Me». Das Buch erschien 1952 und katapultierte den bis dahin kaum bekannten Autor Thompson von einem Tag auf den anderen in das große Geschäft.

«The Killer Inside Me» ist heute ein Klassiker der Kriminalliteratur. Es ist die Geschichte eines nach außen hin sympathischen und menschenfreundlichen Deputy Sheriffs, der in Wirklichkeit aber ein psychopathischer Killer ist. Thompson ließ den Mann selbst seine Story abspulen. «Ich hatte gerade mein Pie verdrückt und war bei der zweiten Tasse Kaffee, als ich ihn sah», beginnt sein unheimlicher Bericht. «Vor ein paar Minuten war der letzte Güterzug gekommen. Er spähte, eine Hand über die Augen haltend und gegen das Licht blinzelnd, durch das Lokalfenster. Als er sah, daß ich ihn beobachtete, verschwand sein Gesicht wieder in der Dunkelheit. Diese Penner denken immer, daß sie bei mir leichtes Spiel haben.»

Lou Ford stellt sich nach und nach als ein von inneren Dämonen Getriebener dar, der seinen Sadismus mit üblen Kindheitserfahrungen begründet und seine «Beichte» mit den Worten schließt: «Ja, das wär's dann wohl. Es sei denn, daß sie unsereinem da drüben noch eine Chance geben. All die Leute, die von Anfang an die schlechtesten Karten hatten. Die sich so viel gewünscht und so wenig bekommen haben... Uns allen.»

Als Jim Thompson diesen Roman schrieb, war er seit zwanzig Jahren verheiratet und mehr als unglücklich in seiner Ehe mit Alberta. Wie es vermutlich zwischen ihnen zuging, kann einem späteren Thriller von Thompson entnommen werden: «‹Du bist nicht nur dämlich, du hast auch nicht für 'nen Dollar Mumm in den Knochen›, stichelte sie weiter. ‹Du bist nicht wert, daß man an dich auch nur 'nen einzigen Blick verschenkt.›»

Das ließ er Myra sagen – die obszön geifernde Ehefrau von Nick Corey, hauptamtlicher Sheriff des Bezirks Pott County. Corey ist wieder so ein abgedrehter Typ, ebenfalls ein Killer, der gleich eine ganze Menge Probleme hat: «Es konnte passieren, daß ich 'ne ordentliche Mahlzeit von einem halben Dutzend Schweinskoteletts mit Spiegeleiern, Pfannkuchen, Soße und Maisgemüse um den Tod einfach nicht verdrücken konnte. So behämmert war mein Kopf von all den Sorgen.»

Das ist in der Regel Nick Coreys erstes Frühstück. Vor dem Mittagessen aber verschlingt er noch eine Portion Fisch mit Maisgemüse, Fleischpasteten und Törtchen.

Doch auch Corey gelingt es ebensowenig wie Lou Ford, seine dunklen Triebe mit Essen und Sex einzudämmen. Er muß töten. Sein Abgesang lautet: «Aber das ist nun wirklich nicht meine

APPLE-PIE

● ●

FÜR DEN TORTENBODEN: 250 G MEHL, 1 TL SALZ,
170 G BACKFETT, 5–6 EL WASSER.

FÜR DIE FÜLLUNG: 1000 G SAURE ÄPFEL, 125–250 G ZUCKER,
1/2 TEELÖFFEL ZIMT ODER MUSKAT, 20 G BUTTER, 25 G MEHL
UND ETWAS ZITRONENSAFT.

Mehl und Salz für den Tortenboden in eine Schüssel sieben. Die
Hälfte des Fetts beigeben und es mit einem Messer so lange
mit dem Mehl zusammen kleinschneiden, bis der Teil wie
Kuchenkrümel aussieht. Das restliche Fett hinzufügen und
ebenso in dem Teig verteilen. Dann löffelweise das kalte
Wasser hinzu, und den Teig anrühren. Auf einem mit Mehl
bestäubten Brett dünn ausrollen. Die Äpfel schälen, ausstechen
und in Scheiben schneiden. Mit den restlichen Zutaten
verrühren. Eine flache, runde Backform mit dem Tortenboden
belegen. Die Füllung darüber, und mit einer Schicht aus Teig
schließen, an den Seiten mit etwas Wasser andrücken. Mit
einer Gabel einstechen und bei 200 °C 45–60 Minuten backen.
Kurz vor Ende der Backzeit mit ein wenig Milch bestreichen.
Warm servieren.

EIERKUCHEN

● ●

3 EIER, 1/2 L SAURE MILCH, 1 TL NATRON, 250 G MEHL,
1 EL ZUCKER, JE 1 TL BACKPULVER UND SALZ, 40 G BUTTER.

Butter zerlassen und abkühlen. Milch und Eigelb verrühren, das
mit Natron und Salz gesiebte Mehl beifügen. Eiweiß steif
schlagen, abwechselnd mit der Butter unter den Teig heben. In
einer heißen, gefetteten Bratpfanne kleine Eierkuchen backen.
Je 4 Kuchen mit Butter bestreichen und aufeinandertürmen.

Schuld! Eigentlich müßte ich mich ja mit den
Großen und Mächtigen im Land befassen.
Aber es ist mir nicht erlaubt, denen ein Haar
zu krümmen. Das mach ich nun dadurch wett,
daß ich einfach doppelt hart und streng mit
dem weißen Abschaum und mit den Niggern
und mit Leuten wie dir ins Gericht gehe, die
ihr Hirn am Arsch haben, weil sie an 'ner anderen Stelle nichts damit anzufangen wissen!
Yes, Sir, ich arbeite im Weinberg des
HERRN! Und wenn ich schon an die verbote-
nen Früchte hoch oben nicht rankomme, dann
kümmere ich mich einfach notgedrungen um
so stärker um die niederen Triebe, wenn du
verstehst, was ich damit sagen will! Denn der
HERR liebt den fleißigen Arbeiter, Rose! ER
liebt es, wenn des Menschen Arsch raucht
während seiner Dienststunden. Und diese
Dienststunden verkürze ich mir durch Schlafen und Essen... beschränke sie... dadurch... aber man... man kann nicht immer
nur... nur essen und... schlafen.»

Corey ist Protagonist des Romans «Pop.
1280». Er wurde von Tavernier mit Philippe
Noiret unter dem Titel «Der Saustall» verfilmt. Auch aus «The Killer Inside Me» wurde
ein Film. Für viele bedeutende Regisseure waren Thompsons Kriminalromane faszinierende Vorlagen. Sam Peckinpah setzte «Getaway» um, Alain Corneau «Hell Of A Woman» und Stephen Frears «Grifters». Claude
Chabrol interessierte sich für «The Nothing
Man» und «Nothing More Than Murder».
Thompson selbst wurde nach der Veröffent-
lichung von «The Killer Inside Me» nach Hollywood gerufen und schrieb für Stanley Kubrick das Drehbuch zu «The Killing» und
anschließend «Paths Of Glory».

Seine andauernden Probleme mit Alberta
aber ließen ihn verstärkt zur Flasche greifen.

Anhaltende Anerkennung blieb ihm versagt. «Es scheint sein Schicksal zu sein, daß er immer in jemandes Schatten stand», schrieb der Krimi-Kritiker Rudi Kost. «Der eine war Kubrick... der andere war Raymond Chandler, die Vaterfigur des modernen Kriminalromans.»

Dennoch bewunderte Thompson den Marlowe-Schöpfer, und sein Dialogsatz in «Farewell, My Lovely» wird ehrlich gemeint sein: «Es hat mich gefreut, Sie kennenzulernen, Mr. Marlowe.»

Knapp zwei Jahre nach Abschluß der Dreharbeiten, am 7. April 1977, starb James Myers Thompson in seinem Apartment in Huntington Beach, Californien, und wurde auf dem Friedhof von Westwood beigesetzt. Vorstellbar ist, daß der Marlowe-Darsteller Robert Mitchum mit einem kräftigen Schluck seiner gedacht hat.

MAIS MIT GRÜNEN ERBSEN

Maiskörner in der Dose erhitzen und abgießen, ebenso grüne Erbsen. Beides vermischen, mit Béchamelsauce binden und mit Pfeffer und Salz abschmecken.

BÉCHAMELSAUCE

1 EL MEHL IN 1 EL BUTTER HELLGELB SCHWITZEN, 1/4 L KOCHENDHEISSE MILCH EINRÜHREN, MIT SALZ UND WEISSEM PFEFFER WÜRZEN UND MIT 3 EL SAHNE VOLLENDEN.

APRIKOSEN-COBBLER

125 G MEHL, 1 GEHÄUFTER TL BACKPULVER, 1/2 TL SALZ, 40 G ZUCKER, 35 G BACKFETT, 1/8 L MILCH. HALBIERTE APRIKOSEN.

Mehl, Backpulver, Salz und Zucker in eine Backschüssel sieben. Das Fett in kleinen Stücken hineinschneiden und etwas verreiben. Milch hinzu und gut verrühren. Aprikosen mit Zucker, Wasser und Maisstärke 2 Minuten kochen und in eine gefettete Auflaufform geben. Den Teig löffelweise über das Obst. 30 Minuten im heißen Ofen backen. Mit Eiskrem oder Sahne servieren.

BREAKFAST FOR ONE

Raymond Chandlers Held
Philip Marlowe

von Kristian Lutze

«Sie hätten eine Dinnerparty geben sollen», sagte Anne Riordan. «Schimmerndes Silber und Kristall, weiß gestärkte Damasttischtücher, Kerzenlicht und Diener, die diskret mit Weinflaschen einherschweben.» Die Frau hat ja keine Ahnung. So löst Marlowe seine Fälle nicht. Er ist froh, wenn er heil aus der Sache rauskommt, unversehrt genug, um irgendwo einen zu heben. Trinken, klar. Aber Essen... Meistens schmeckt es ihm nicht. Dauernd hat er etwas zu meckern. Rudys weltberühmte Steaks aus dem gleichnamigen Bar-B-Q seien bloß «Hamburger auf einer verbrannten Scheibe Holz», die Kartoffeln im Indian Head Hotel zu wäßrig, nörgelt er. In einem Restaurant stinkt ihm das Bratfett, im anderen schmeckt ihm das Essen wie «ein weggeworfener Postsack». Der Kellner guckt nicht freundlich genug, und mit dem Hauptgang könne man wahrscheinlich Kröten vergiften, argwöhnt er. Seine Landsleute – kulinarische Barbaren: «Die Amerikaner essen alles, wenn es nur getoastet ist. Auch wenn das, was dazwischen ist, so saftig und lecker ist wie ein alter Hemdfetzen. Es muß nur von einem Zahnstocher zusammengehalten werden und zwei Salatblätter enthalten. Die möglichst verwelkt.»

Wir werden noch sehen, daß er sich irrt. Aber Marlowe macht sich wirklich nicht viel aus der heimischen Küche. Wenn er etwas ißt, dann auf die schnelle oder aus Pappgeschirr zum Mitnach-Hause-Nehmen, meistens vom Chinesen. Vielleicht fehlt ihm beim Essen die Gesellschaft, ein Gourmet ist Philip Marlowe jedenfalls nicht. In der bereits erwähnten Verfilmung von «Farewell, My Lovely» überrascht ihn Moose Malloy, als er ein Chop Suey in sich hineinschaufelt.

Die einzige Mahlzeit aber, die er einigermaßen regelmäßig zu sich nimmt, ist das Frühstück, flüssig oder fest, je nachdem, wie der Abend vorher gelaufen ist. Meist reicht es für ein paar Eier mit Speck. Wenn es besonders spät geworden ist und man aus der letzten Bar mit lädiertem Unterkiefer abziehen mußte, empfiehlt sich ein Marlowe-Breakfast: zwei Tassen schwarzen Kaffee, dann ein Drink, zwei hartgekochte Eier mit einer Scheibe zerbröseltem Toast, noch mehr Kaffee mit einem Schuß Brandy.

Überhaupt Kaffee. Kannenweise Kaffee. Marlowe kocht ihn gut, findet sogar das Mädchen mit den kornblumenblauen Augen. Stark, bitter, brühend heiß, skrupellos und lasterhaft muß er sein. Das Lebensblut müder Männer. Genau wie Alkohol. Meistens ist es Whisky. «Old Forster» oder «Old Taylor», für «erstklassige Verführungen» auch schon mal einen Likör-Scotch, einen «Drambuie». Nicht einmal da ist Marlowe wählerisch. Hin und wieder einen Cognac, und selbst einen preisgekrönten Armagnac kippt er weg wie Korn. Manchmal kommt es einem so vor, als ob er gepflegtes Trinken und anständiges Essen bedrohlich findet – ebenso wie die Frauen, die es ihm kochen oder zumindest bei Kerzenschein in seine Augen lächeln könnten.

Bloß nichts Sinnliches für Marlowe, selbst wenn er dauernd darüber redet. Lauter Hinterhalte, die mit einem guten Essen und einem gemütlichen Abend zu zweit anfangen und dann in der Domestizierung enden. Sonntags Huhn und Kirchgang, Reader's Digest auf dem Wohnzimmertisch und die Frau mit gußeisernen Dauerwellen. Dann lieber Bratkartoffeln mit schwarzen Zwiebelringen aus dem kleinen Grill, dessen Abzug zum selben Hinterhof herausliegt wie Marlowes Büro. Wo die nikotingelben Netzgardinen in einem Windhauch wehen, der nach abgestandenem Bratfett riecht, ist er zu Hause. Die aufgeschraubte Büroflasche auf dem Schreibtisch und den Blues in Kopf und Bauch. Wenn Sie ihn also an einem regnerischen Abend in der schäbigen Straße gleich nebenan im kalten Neonlicht vor einer Kaschemme stehen sehen, gehen Sie mit ihm einen trinken. Nur laden Sie Marlowe nie zum Essen ein.

CHOP SUEY

● ●

5 GROSSE MORCHELN, 5 DUNKELBRAUNE CHINESISCHE PILZE, 1/4 L WASSER, 500 G SCHWEINEFLEISCH, 5 EL HELLE CHINESISCHE SOJASOSSE, PFEFFER, 2 ZUCCHINI, 2 MÖHREN, 1/3 BLUMENKOHL, 2 STANGEN BLEICHSELLERIE, 1 STANGE LAUCH ODER PORREE, 4 BLÄTTER WEISSKOHL, 2 TOMATEN, 100 G CHAMPIGNONS, 2 KNOBLAUCHZEHEN, 4 EL ÖL, 1/2 TL GLUTAMAT, 4 EL SPEISESTÄRKE, 1/8 L WASSER, 2 EL BUTTER, 200 G KRABBEN.

Die Morcheln und die dunkelbraunen chinesischen Pilze getrennt in heißem Wasser 10 Minuten einweichen. Waschen, entstielen. Schweinefleisch in dünne Streifen schneiden, mit heller chinesischer Sojasoße und Pfeffer einreiben und 20 Minuten einziehen lassen. Zucchini halbieren und in dünne, schräge Scheiben schneiden. Die Möhren ebenso. Blumenkohlröschen zerpflücken. Sellerie in schräge Stücke schneiden. Lauchstange in 3 cm lange Streifen, Weißkohlblätter in quadratische Stücke schneiden. Tomaten und Champignons achteln. Knoblauch fein hacken. Das Öl in einer großen Pfanne erhitzen. Knoblauchstückchen goldgelb braten. Fleischstreifen hinzu und halb gar braten. Alle Gemüsezutaten beifügen, gut mischen und 5 Minuten gut zugedeckt bei mittlerer Hitze schmoren. Mit der hellen chinesischen Sojasoße, Salz, Pfeffer und Glutamat abschmecken. Speisestärke mit Wasser verrühren und damit die Soße andicken. Alles zwei Minuten schmoren lassen. Die Butter in einer kleinen Pfanne erhitzen. Die Krabben 1 Minute anbraten. Das Gemüse auf einen großen Teller geben, mit den Krabben garnieren. Dazu Reis.

KAFFEE MIT EISWASSER

Trinken Sie drei Tassen Kaffee, schwarz und heiß. Wenn Sie die intus haben, halten Sie Ihren Kopf einige Minuten lang unter fließendes, eiskaltes Wasser. Danach sind Sie voraussichtlich in der Lage, einen ersten Blick auf die Morgenzeitung zu werfen. Sie können die Schlagzeilen lesen. – Gut. Ziehen Sie sich jetzt langsam an und kochen zwei Eier – maximal 4 1/2 Minuten.

EIER IM GLAS

Raymond Chandler verrät uns nicht, wie sein Privatdetektiv Philip Marlowe sie sich serviert. Wir empfehlen, sie ganz abzupellen und in ein Glas zu geben. Würzen Sie mit Salz und geschrotetem Pfeffer, einem Schuß Tabasco oder Worcestersauce. Sie können sie auch mit feingehackter Kresse bestreuen und einen Stich Butter hinzugeben. Eine weitere Tasse Kaffee, und Marlowe «warf einen prüfenden Blick in den Spiegel. Die Schatten unter den Augen waren immer noch nicht ganz weg.»

LUNCH MIT SAM SPADE

Mit Sam Spade dagegen können Sie sich ruhig an den Tisch setzen – wenn Sie ein reines Gewissen haben. Der Detektiv in Dashiell Hammetts wohl berühmtesten Buch «Der Malteser Falke» weiß eine ordentliche Mahlzeit durchaus zu schätzen. Sein Revier ist San Francisco, sein bevorzugtes Restaurant John's Grill in der Ellis Street Nr. 63. Noch heute kann man dort einen Lunch einnehmen. In dem Gebäude ist jetzt auch das offizielle Hauptquartier der Dashiell Hammett Society of San Francisco.

LUNCH BEI JOHNS

Sam Spade hat es eilig.

Er bestellt: 2 kleine Schweinekoteletts in Mehl gewendet und bei mittlerer Hitze in Öl ca. 5–7 Minuten angebraten. Dazu eine Portion Bratkartoffeln und zwei mittelgroße Tomaten in Scheiben geschnitten.

Er trinkt schwarzen Kaffee und raucht danach eine Zigarette. Dann kommt ein jüngerer Mann mit einer schief aufgesetzten Schottenmütze über hellen Augen und einem verwegenen, fröhlichen Gesicht in das Restaurant und meldet: «Alles bereit, Mr. Spade. Die Karre ist voll Sprit bis zur Halskrause und läßt sich kaum noch zügeln.»

«Der Malteser Falke» erschien zuerst als fünfteilige Serie im «Black-Mask»-Magazin, vom September 1929 bis Januar 1930. Der Ausgangspunkt der Geschichte charakterisiert bereits bestens den lakonischen Detektiv. «Wenn der Partner eines Mannes ermordet wird, muß dieser Mann etwas tun», sagt Spade. Was er dann tut, führt ihn auf die Spur des todbringenden Falken. Bevor er aber einen ersten Zipfel des Geheimnisses um den Vogel lüften kann, ist ein kleiner Imbiß angesagt.

BEI ETWAS MEHR ZEIT – GEKRÖNTE SCHWEINEKOTELETTS ZU ZWEIT

4 KOTELETTS, 6 SCHEIBEN WEISSBROT, 2 MOHRRÜBEN, 1 ZWIEBEL, JE 1/4 TEELÖFFEL SALBEI, THYMIAN, ROSMARIN, 3/8 LITER MILCH, 1 PAKET PILZSUPPE (FÜR 1/2 LITER).

Koteletts braten und in eine gefettete Auflaufform legen. Die Brotscheiben in Würfel schneiden, Mohrrüben in dünne Scheiben und Zwiebel in kleine Stücke. Mit der Hälfte der Gewürze und etwas Wasser vermischen und über die Koteletts füllen. Die Milch mit dem Pilzsuppenpulver verrühren und mit den restlichen Gewürzen zusammen erhitzen. Diese Sauce über die Koteletts und die Brotmischung gießen. Eine Stunde bei mittlerer Hitze backen.

KAFFEE MIT BRANDY

Irgendwann in der Nacht hat Sam Spade die Faxen dicke. Er hat Kaffee gemacht und «schnitt gerade Scheiben von einem schlanken Pariser Brot ab». Die Lady sieht ihm zu. Er sagt ihr, sie solle schon mal den Tisch decken. Spade bestreicht einige der ovalen Brotscheiben mit Leberwurst, belegt andere mit Corned Beef. Dann gießt er Kaffee ein und gibt einen kräftigen Schuß Brandy dazu. «Sie können schon anfangen, zwischen den Bissen», sagt er.

SANDWICH MIT
SALAMI-KÄSE-SCHINKEN

●●●●●●●●●●●●●●●●●●●●●●●●●●●●●●●●●

**1 STANGENBROT, 100 G BUTTER, 6 SCHEIBEN SALAMI,
6 SCHEIBEN KÄSE, 6 SCHEIBEN GEKOCHTER SCHINKEN,
1 TL SENF, 2 EL WEISSWEIN.**

**Stangenbrot der Länge nach aufschneiden und auf beiden
Seiten mit Butter bestreichen. Dann mit Salami, Käse und
Schinken belegen. Senf darüber streichen und mit Weißwein
beträufeln. Zuklappen und in Scheiben schneiden.**

«Sie sind ein furchtbar hartnäckiger Mensch», beklagt sie sich und beißt in ein Sandwich.

«Ja, und wild und unberechenbar – ich weiß. Was ist mit diesem Vogel, diesem Falken, der alle so auf die Palme bringt?»

Sam Spade «ist so, wie die meisten Detektive, mit denen ich gearbeitet habe, hätten sein mögen und ganz wenige in ihren übermütigen Momenten beinahe zu sein glaubten: ein harter gerissener Bursche, der in jeder Situation auf sich selbst aufpassen kann und der es schafft, jedem über zu sein, mit dem er in Kontakt kommt, ob Verbrecher, harmloser Zuschauer oder Klient», schrieb der ehemalige Pinkerton-Detektiv Hammett in seiner Einleitung zur Buchausgabe des «Maltese Falcon» 1934. Der Roman, nach «Rote Ernte» und «Der Fluch des Hauses Dain» erschienen, festigte seinen Ruhm. Hammett galt fortan als «der große amerikanische Kriminalschriftsteller».

Er schrieb noch «Der gläserne Schlüssel» und nach einer Pause von drei Jahren «Der Dünne Mann». Knapp dreißig Jahre vor seinem Tod am 10. Januar 1961 brach er seine literarische Arbeit ab. Hammett lebte zu der Zeit mit Lillian Hellman zusammen, deren Karriere gerade erst anfing. «Mit seiner Hilfe war sie im Begriff, eine bedeutende Dramatikerin zu werden», ist in der Dashiell-Hammett-Biographie von William F. Nolan zu lesen.

Die Beziehung Hellman–Hammett aber ist eine Geschichte für sich – einige Aspekte lassen sich dem Film «Julia» mit Jane Fonda, Vanessa Redgrave, Jason Robards und Maximilian Schell unter der Regie von Fred Zinnemann entnehmen, den Sie sich nach einem Spade-Essen als Video gönnen sollten.

BETREFFEND:
HOPKINS, LLOYD W., SERGEANT, ABTEILUNG KAPITALVERBRECHEN, LOS ANGELES

● ●

James Ellroy und sein
Prince of Darkness

● ●

Lloyd Hopkins war Infanteriekundschafter der Kompanie A des zweiten Bataillons der kalifornischen Nationalgarde. Er hatte 1959 das Marshall College absolviert, war auf der Stanford University und wurde in der Infanterieschule von Fort Polk ausgebildet. In der Kompanie nannte man Hopkins «Das Hirn». Er war ein schlanker, 1,90 großer junger Mann mit geschickten Händen und einer brillanten Phantasie. Am 23. August 1965 mußte er hinunter in den «Kaninchenbau»: «Der Gouverneur Edmund G. Brown hat soeben bekanntgegeben, daß die Nationalgarde mit verstärkten Einheiten in die südlichen Innenstadtbezirke von Los Angeles beordert wurde, um der seit zwei Tagen andauernden Herrschaft der Gewalt, des Terrors und der Plünderung ein Ende zu bereiten.»

Die legendären Rassenunruhen im Stadtteil Watts waren Hopkins' erster Einsatz. Sein vorgesetzter Kommandeur versagte und richtete in einer Kirche ein Blutbad unter den Farbigen an. Hopkins drehte durch und erschoß den Mann. Danach fuhr er zu seiner langjährigen Freundin Janice, schlief mit ihr und blieb unbefriedigt. Noch in der Nacht suchte er eine farbige Prostituierte auf und beichtete dann alles frühmorgens seiner stummen, frühzeitig gealterten Mutter.

Das ist biographischer Hintergrund des Mannes, der siebzehn Jahre später Sergeant in der Abteilung Kapitalverbrechen ist und einem wahnsinnigen Frauenmörder auf die Spur kommt, weil er sich dem Täter «verwandt» fühlt. Er ist inzwischen mit Janice verheiratet und hat zwei Töchter. Aber: «Seine Karriere als Polizist war mit gleichmäßiger Brillanz verlaufen, und seine gleichzeitige Rolle als Gatte und Vater war eine Serie täppischer Versuche gewesen, seine Familie mit gutartigen Entsprechungen seiner im Beruf sichtbaren Fähigkeiten zu versorgen. Als die Kraft seines Willen Zorn und Verletzung hervorrief, floh er zurück in seinen Job, und als der Job ihn in einen Strudel von Langeweile, Grauen und Haß sog, suchte er sich Frauen, die für einen Augenblick berühren wollten, was er war, die zum Tausch ihre Unschuld boten und die dann die Flucht ergriffen, bevor seine unerbittliche Glut ihren mühsam erworbenen, einfältigen Sinn für die Annehmlichkeiten des Lebens vernichten konnte.»

Insgesamt drei Fälle bearbeitet Hopkins. Es sind Kriminelle, die «eine Blutspur durch L. A. ziehen». Hopkins selbst wird oder bleibt «Killer». Er hat «eine obsessive-compulsive Persönlichkeit, neigt zu Gewalttätigkeit. Diese Störung der Persönlichkeit manifestiert sich hauptsächlich in Akten exzessiver physischer Gewalt durch seine neunzehnjährige Polizeilaufbahn hindurch.»

HAMBURGER

● ●

**GRUNDREZEPT (FÜR 4 HAMBURGER): 500 G RINDERHACK,
1 FEINGEHACKTE ZWIEBEL, 1 EI, SALZ, PFEFFER, 2 EL ÖL,
PANIERMEHL, 4 WEICHE SESAMBRÖTCHEN, 4 SALATBLÄTTER,
2 IN SCHEIBEN GESCHNITTENE TOMATEN, 2 ESSIGGURKEN IN
SCHEIBEN, 4 SCHEIBEN SCHMELZKÄSE, 4 TL MAYONNAISE,
4 TL KETCHUP.**

**Hack mit Zwiebel, Ei und Paniermehl gut vermischen, würzen
und runde, flache Hacksteaks formen. In Öl von beiden Seiten
braten. Brötchen halbieren, die untere Hälfte mit je
1 Salatblatt, Gurken, Hacksteak, Tomatenscheiben, 1 Scheibe
Käse und je 1 TL Ketchup und Mayonnaise belegen. Die obere
Hälfte daraufklappen.**

**VARIATIONEN
1/2 MOHNBRÖTCHEN, KETCHUP, ZWIEBELRINGE, HACKSTEAK,
EISBERGSALAT, 1/2 MOHNBRÖTCHEN
1/2 MILCHBRÖTCHEN, KETCHUP, MAYONNAISE, SALATGURKE,
RÖSTZWIEBELN, HACKSTEAK, SALATBLATT,
1/2 MILCHBRÖTCHEN
1/2 BRÖTCHEN, KETCHUP, HACKSTEAK, TOMATEN
1/2 BRÖTCHEN
1/2 BRÖTCHEN, KÄSESCHEIBE, ANANASSCHEIBE,
HACKSTEAK, 1/2 BRÖTCHEN
1/2 BRÖTCHEN, GERÖSTETER FRÜHSTÜCKSSPECK, HACKSTEAK,
ZWIEBELRINGE, 1/2 BRÖTCHEN.**

Gewalt und Sex bestimmen ihn. Hopkins ist der typisch amerikanische Großstadtpolizist der achtziger Jahre – ein «harter Hecht» und ein Psychopath. Er ist ständig unterwegs, rollt in seinem Wagen durch die nächtlichen Straßen, trinkt viel Kaffee und drückt sich nur mal schnell ein Stück Pizza oder einen Hamburger rein.

Kreiert wurde dieser «Prince of darkness» von dem mittlerweile meistbeachteten amerikanischen Kriminalromanautor James Ellroy, der 1988 in einem Gespräch seine Herkunft mit den Sätzen umriß: «Ich wurde 1948 in Los Angeles geboren. Mein Vater war fünfzig, als ich zur Welt kam. Er war ein ungeschliffener, aber beschlagener Mann, der sich das, was er wußte, selbst beigebracht hatte. Ein kleiner Kriegsheld im Ersten Weltkrieg, ein Hollywood-Schnorrer. Er hatte einen riesigen Schwanz, der für gewöhnlich am linken Bein aus seinen Boxershorts heraushing. Er ging mit Rita Hayworth ins Bett und war ihr Manager in den späten vierziger Jahren. Er war ein großer Geschichtenerzähler, ein Lebenskünstler, ein Mösenjäger, ein Renaissance-Mensch, der es nie wirklich geschafft hat. Übrigens ein guter Golfspieler in seinen jungen Jahren. Meine Mutter war Krankenschwester, ein deutsches Mädchen vom Lande, aus Wisconsin, die Tochter von Einwanderern. Flatterhaft, eine Alkoholikerin, die sich durchs Leben bumste. Meine Eltern waren sexbesessen. Ich bin sexbesessen. Das ist ihr Vermächtnis. Sie wurden geschieden, als ich sechs Jahre alt war. Ich lebte dann bei meiner Mutter, sie bekam das Sorgerecht. Als ich zehn Jahre alt war, wurde meine Mutter ermordet. Ein Kerl schnappte sie in einer Bar auf, erwürgte sie und warf ihren Körper in die Büsche vor der Arroyo High School in El Monte, einem elenden Vorort für Mexikaner, den weißen Abschaum und die wirklich arme Mittelklasse in Los Angeles. Von da an lebte ich dann bei meinem Vater. Von diesem Zeitpunkt an war ich besessen von Kriminalromanen. Ich war viele Jahre ein wirklich gefräßiger Leser. Und alles was ich wollte, war, meine Schnauze in Bücher zu stecken.»

Ellroy fuhr aber als Jugendlicher auch auf Alkohol und Drogen ab. Von 1965 bis 1977 lebte er meist auf der Straße, trieb sich in Parks herum und handelte sich circa fünfzig Festnahmen wegen Trunkenheit, Ladendiebstahls und anderer Delikte ein. Insgesamt sechs Monate verbrachte er in Bezirksgefängnissen. 1981 veröffentlichte er seinen ersten – und immer noch besten – Roman «Browns Grabgesang». Ein Jahr später folgte «Heimlich».

Diese Geschichte, die Anfang der fünfziger Jahre in Los Angeles spielt, eröffnete den Zyklus seiner Hollywood-Fälle. Chronologisch aufgelistet liegen bislang vor: «Die Schwarze Dahlie» – beginnend am 15. Januar 1947, «Blutschatten» – Stichtag Silvester 1950 und eben «Heimlich» – mit dem Ausgangspunkt der dunklen und kalten Wintertage 1951.

«Die Schwarze Dahlie» beinhaltet den wohl spektakulärsten Mord im Umfeld der Traumfabrik. Auf einem unbebauten Grundstück im südwestlichen Stadtzentrum der kalifornischen Metropole wurde die nackte und grausam zerstückelte Leiche einer jungen Frau gefunden. Ausgehend von Akten und Zeitungsberichten aus jener Zeit, entschlüsselte Ellroy fiktional das Geheimnis dieses bis heute rätselhaftesten Falles der amerikanischen Kriminalgeschichte. Für seine zwei jungen Polizisten, Bucky Bleichert und Lee Blanchard, wurde der Mord an der Schwarzen Dahlie zur persönlichen Obsession. Beide boxen – «Lee Blanchard, Schwergewicht, ehemalige Dauerattraktion im Hollywood Legion Stadium, und Bucky Bleichard, Halbschwergewicht, ehemals auf Rang 10 in der Boxzeitschrift ‹Ring› geführt.» Um eine gute Publicity für die Gehaltserhöhung aller Beschäftigten des Los Angeles Police Department zu bekommen, wird ihnen ein Fight abverlangt. Dafür muß Bucky an Gewicht zulegen. Er schlingt Steaks in sich hinein.

Trotzdem geht Bucky dann bei dem Kampf in der achten Runde zu Boden. Aber letztlich ist er es, der den Fall «knackt» – eine grausig-tragische Familiengeschichte aufdeckt. Schon bei einem Abendessen, einem schottischen Kohltopf – «Herzhaftes Futter nährt herzhafte Leute, ‹haute cuisine› ist nur für Dekadente» –, ist ihm indirekt die Richtung gewiesen worden.

«Durch das Verfassen der ‹Schwarzen Dahlie› – präzise Fakten verbunden mit fiktiven Figuren und einem Killer, der unmittelbar meinen Alpträumen entsprungen ist – lernte ich sie (die ermordete Elizabeth Short) kennen», schrieb Ellroy im Nachwort zu dem Roman. «Ich lernte, mich selbst in ihr zu sehen, ihre Person und die Umstände ihres Todes brachten uns geistig zusammen, Schicksal und Bestimmung entzweiten uns. Ich fand Betty Short dreist, pathetisch, seltsam störrisch. Ich erkannte in ihr die energische Kraft eines Underdog, der nie eine Niederlage zugab; eine Frau, die vielleicht sogar die Verwirklichung ihrer zugegeben albernen Träume erreicht hätte, hätten sich nicht in einer kalten Nacht vor vierzig Jahren ihre Wege mit denen ihres Schlächters

PORTERHOUSE STEAK

• •

Das Steak (ca. 800 g) leicht salzen und einölen, zusammen mit 2 flach halbierten Lammnieren, Frühstücksspeckscheiben, ganzen Tomaten und großen Champignons auf dem Rost braten, über alles Pfeffer mahlen und mit Kräuterbutter und Brunnenkresse servieren.

SCHOTTISCHER KOHLTOPF

• •

Zwei Pfund fein gehobeltes Weißkraut, ein Pfund geschnitzelte rohe Kartoffeln, 250 g geschälte, in Scheiben geschnittene Äpfel, 250 g kleingeschnittenen Hammelbraten (Resteverwertung) mit Kümmel, Salz und Pfeffer mischen, in einen großen Topf füllen. Ein Glas Weißwein und zwei Tassen Bratensoße anschütten. Auf kleiner Flamme 30 Minuten schmoren lassen. Sehr heiß servieren.

gekreuzt. Ich lernte sie lieben... Ich hoffe, Sie spüren den Verlust und die Wut über Elizabeth Shorts Tod. Ich schreibe jetzt einen neuen Roman, eine vollkommen andere Story aus dem Los Angeles des Jahres 1950. Ich spüre Betty Shorts Gegenwart auf jeder Seite – und ich bin dankbar für die Einblicke in die Dunkelheit, die sie und meine Mutter mir gewährten. Ich zitiere den verstorbenen Ross Macdonald: ‹Am Ende besitze ich den Ort meiner Geschichte, und ich bin besessen von seiner Sprache.›»

James Ellroy hatte zu dem Zeitpunkt bereits seinen Sergeant Lloyd Hopkins ad acta gelegt – ursprünglich war die Serie auf fünf Bücher konzipiert. Die Rückblicke in die Anfänge und die «großen Jahre» Hollywoods beschäftigten ihn mehr.

«Blutschatten» handelt von der neuerlichen Kommunistenhatz Anfang der Fünfziger und der Jagd nach einem Killer. Bei einem späten Frühstück gibt Ellis Loew, Oberhaupt der Kriminalabteilung bei der Staatsanwaltschaft, die Parole aus: «Wir reden von einer umfassenden gerichtlichen Untersuchung des kommunistischen Einflusses in Hollywood, und Sie und Dudley sind meine Hauptermittler. Bei der Untersuchung wird es um die UAES (die Gewerkschaft der Komparsen und Bühnenarbeiter) gehen. Die Gewerkschaft steckt voller Subversiver, und sie haben einen sogenannten Fachberatungsausschuß, der die Sache regelt: eine Frau und ein halbes Dutzend Männer – alle tief verbunden mit Gesinnungsgenossen, die ins Gefängnis gingen, weil sie sich '47 vor dem HUAC (ein 1938 vom amerikanischen Repräsentantenhaus ins Leben gerufenes und 1945 wiederbelebtes Komitee zur Untersuchung subversiver, vor allem linker Aktivitäten in den USA) auf den fünften Verfassungszusatz beriefen. Sämtliche Mitglieder der UAES haben an Filmen mitgearbeitet, die kräftig die kommunistische Posaune bliesen, und sie haben sich mit anderen Subversiven zu einem regelrechten Hinterhofsyndikat verbündet. Kommunismus ist wie ein Spinnennetz. Ein Faden führt zu einem Nest, der andere zu einer ganzen Kolonie. Diese Fäden sind Namen, und diese Namen werden zu Zeugen, die noch mehr Namen nennen.» Loew pickt dabei Austern und Speck von seinem Omelett.

In «Blutschatten» läßt James Ellroy drei Männer aufeinandertreffen, die sich tief in die ihnen übertragenen Aufgaben verstricken und sich nur gewaltsam davon lösen können: «Er faßte seine Zukunft an, die dort auf dem Sitz lag: die Abgesägte, das Heroin, hundertfünfzig Riesen. Sie fühlte sich nicht richtig an, daher schaltete er das Radio ein und stieß auf einen Hillbilly-Sender. Die Musik war zu sanft und zu traurig, wie ein Klagelied auf eine Zeit, da alles billiger zu haben war. Dennoch hörte er zu. Die Stücke ließen ihn an sich und Mal und den armen Danny Upshaw denken. Schwere Jungs, korrupte Cops und Rotenjäger. Drei gefährliche Männer, deren Spur sich im Nichts verlor.» – Polizisten aus L. A.

In der Realität wie auch in der Kriminal-

OMELETT MIT AUSTERN

• •

4 Eier in einer Schüssel leicht verschlagen und salzen. 2 EL Butter in der Pfanne auf mittlerer Temperatur erhitzen, Eiermasse hineingeben. Masse sofort verrühren, damit sich frisches und gestocktes Ei vermischen. Wenn sich eine feste Eierschicht gebildet hat, das Omelett auf einen vorgewärmten Teller gleiten lassen. Frische Austern hacken, mit Salz und Pfeffer würzen, in Butter braten. Eine Scheibe Frühstücksspeck braten. Gebratene Austern und den Speck auf eine Hälfte des Omeletts häufen und zuklappen.

romanliteratur gibt es den Polizisten als Vaterfigur und den Polizisten mit Blut an den Händen. Es gibt den langsam denkenden Plattfuß, den Schieber, den korrupten Bullen, den Borstenkopf mit Dreck am Stecken, den unterbezahlten Diener der Öffentlichkeit. Es gibt den faschistischen und rassistischen Koppelträger, den brutalen und seine Befugnisse überschreitenden Polizisten, den Greifer und den Polizisten, der sich zum Polizisten eignet wie ein Igel zum Handtuch. Es gibt den, der seine Arbeit verrichtet, wie man seine Notdurft verrichtet, den verbrauchten Polizisten und den Polizisten als Waffe. In den Romanen von Joseph Wambaugh kommen alle diese Aspekte zum Tragen. Neben Ross MacDonald ist Wambaugh Ellroys großes Vorbild.

Joseph Wambaugh wurde 1937 geboren, war nach der High School beim Marine Corps, arbeitete dann in einem Stahlbetrieb und versuchte, es durch Abendkurse zum Englischlehrer zu bringen. Er scheiterte und ging zur Polizei. 1967 veröffentlichte er seine ersten Kurzgeschichten. Drei Jahre später erschien sein erster Roman, «The New Centurios». Tenor des Erstlings: «Auf der Polizeischule lernt man vor allem Ignoranz. Der Polizist muß die Augen verschließen können, bestimmte Dinge gar nicht erst wahrnehmen dürfen.» Wambaugh beschreibt den Alltag von drei jungen Polizisten, handelt keinen einzelnen Fall ab, sondern erzählt kleine Geschichten vom desillusionierenden Dienst auf der Straße.

In seinem zweiten Buch «Der müde Bulle» ist es der Polizist Bumper Morgan, der in seinem Schwarzweißen durch sein Revier kurvt. Bumper ist dick und nicht gerade der Klügste, faul, egoistisch, korrupt, aber auch gerissen. Er übertritt nicht nur Dienstvorschriften, sondern auch das Gesetz. Und natürlich schnorrt er sein Frühstück.

Bumper ist ein Vielfraß: «Eigentlich bin ich immer hungrig, oder besser – ich könnte ständig essen. Aber ich nehme zwischen den Mahlzeiten nichts zu mir und halte mich an fixe Essenszeiten, soweit mir das meine Arbeit erlaubt. Ich bin ein Gewohnheitstier und halte viel von Routine. Wenn man sich in kleinen Dingen Regeln aufstellt – Regeln, die man sich selbst gemacht hat – und wenn man sich an diese Regeln hält, bringt man Ordnung in sein Leben.» Und das heißt für ihn, morgens ein ordentliches Frühstück und abends mal da und mal dort ebenfalls für lau was einschieben: «Meine Müdigkeit war plötzlich einem Mordshunger gewichen, und ich konnte an nichts anderes mehr denken als an das herrliche Essen in Abds Harem.»

BUMPERS BOMBE

Rührei aus fünf Eiern, kräftig mit Pfeffer und Salz gewürzt. «Eine doppelte Menge Lox, wie sie normale, zahlende Kunden bekamen.» Wir dürfen annehmen, daß es also mindestens vier Scheiben Räucherlachs sind. Drei dicke Scheiben Zwiebelbrot, getoastet und dick mit Butter und einem cremigen Käse bestrichen. Sie können den milden Philadelphia, aber auch einen französischen Kräuterkäse nehmen. Selbstverständlich spült Bumper das mit mehreren Tassen Kaffee herunter.

Bumper läßt sich gefüllte Weinblätter und Fleischbällchen servieren.

Joseph Wambaugh ist konsequent beim Polizeiroman geblieben. Der Detektivroman ist ein Büro- und Denkroman, er spielt im ersten Stock. Der Polizeiroman aber ist ein Straßen- und Kampfroman, er spielt im Erdgeschoß, gleich hinter der Eingangstür auf der Treppe, vor allem

WEINBLÄTTER, GEFÜLLT MIT REIS UND PINIENKERNEN

1 BEUTEL EINGELEGTE WEINBLÄTTER, 50 G KORINTHEN, 4 ZWIEBELN, 1/8 L ÖLIVENÖL, 100 G PINIENKERNE, 120 G REIS, 2 EL FRISCH GEHACKTE GLATTBLÄTTRIGE PETERSILIE, PFEFFER, 1 TL ZIMT, 1/2 TL ROSENPAPRIKAPULVER, 3 TL ZUCKER, 1/2 TL PIMENTPULVER, SAFT VON 1/2 ZITRONE, 1 ZITRONE, SALZ.

Weinblätter in warmes Wasser legen. Die Korinthen in heißem Wasser quellen lassen, dann abgießen. Zwiebeln reiben. Die Hälfte von dem Öl in einem Topf erhitzen. Zwiebeln mit Pinienkernen anbraten. Reis und Korinthen in den Topf geben und unter Rühren 2–3 Minuten anbraten. 1 1/2 Tassen Wasser hinzufügen, bei mittlerer Hitze garen, bis kein Wasser mehr vorhanden ist. Petersilie, Pfeffer, Zimt, Paprikapulver, Zucker, Pimentpulver und Zitronensaft unterrühren. Topf vom Herd nehmen und abkühlen lassen. Mit einem Teil der Weinblätter einen Topf auslegen. Die restlichen mit der glatten Seite nach unten auf eine Arbeitsfläche und auf jeweils ein Blatt 1–2 TL Reisfüllung geben. Die Seiten der Weinblätter nach innen einschlagen und die Blätter vom Stielende aufrollen. Die gefüllten Weinblätter mit der Nahtseite nach unten auf die im Topf legen. Zitrone gründlich waschen, in dünne Scheiben schneiden und auf die Weinblätter legen. Restliches Olivenöl darüber und mit 1 1/2 Tassen Wasser aufgießen. Salzen. Einen Teller auf die Weinblätter legen und den Topf schließen. Bei mittlerer Hitze ca. 30 Minuten kochen. Abkühlen lassen und kalt servieren.

aber in den Straßen der Stadt, und wirklich in den Straßen, nicht nur auf ihnen.

In Detektivromanen geschieht in der Regel wenig, dafür wird viel gedacht und kombiniert, denn es ist viel geschehen. Verhöre werden geführt, Schuldnachweise und Schuldbekenntnisse werden produziert, Indizien, Papier, Vorschriften, Logik und Schlußfolgerungen werden angehäuft. Die Detektive werden gerufen, wenn eine Tat schon getan ist. Die Streife dagegen ist am Geschehen dran, sie wird zu einem Geschehen hinzugerufen, oder sie macht selbst ein Geschehen, indem sie es zur Aktion, zur Polizeiaktion umfunktioniert.

In den Polizeiromanen geschieht viel. «Auf frischer Tat», «Auf der Flucht», das ist etwas, woran die Streife teil hat, nicht etwas, worüber nachgedacht wird, sondern etwas, worin gedacht wird. In den Straßen folgt nichts aus dem anderen, oder immer etwas anderes. In den Straßen ist das Denken viel zu sehr von Überraschung und Gefahr überlagert, um ein Denken zu werden. Man hat es mit Tatsachen und Verhältnissen zu tun, nicht mit Indizien und Sachverhalten. Der Polizist steht gegen den Täter, nicht die Polizei gegen die Tat. Ein Körper steht gegen einen Körper. Eine Ausbildung gegen eine Situation. Eine Waffe gegen eine Waffe. Und zwar nach der Cop-Regel: Nimmt der andere die Fäuste, nimmst du den Knüppel. Nimmt er das Messer, nimmst du die Kanone und machst ihn gleich an Ort und Stelle fertig. Und wenn das alles nichts nützt, nimm 'nen Ziegelstein oder was du gerade in die Finger kriegst, und schlag ihn nieder. Diese Reflexionen von Wolf-Eckart Bühler und Felix Hofmann, ursprünglich auf den Polizei- und den Detektiv-Film gemünzt, treffen aber auch exakt den Ansatz und das Schreiben des «großen» Joseph Wambaugh. Er ist und bleibt Vorbild für alle Autoren, deren «Helden» Polizisten sind.

FLEISCHBÄLLCHEN IN SCHARFER WÜRZSAUCE

1 ZWIEBEL, 1–2 MILDE CHILISCHOTEN,
750 G HACKFLEISCH VOM LAMM ODER RIND,
1/2 TL GEMAHLENER SCHWARZER PFEFFER, 1 EL FRISCH
GEHACKTES KORIANDERGRÜN ODER MINZE, 2 TL FRISCH
GERASPELTE INGWERWURZEL, 1 EI, SALZ, 3 EL PFLANZENÖL.

FÜR DIE SAUCE: 2 ZWIEBELN, 3 KNOBLAUCHZEHEN,
3–5 TOMATEN, 2 EL PFLANZENÖL, 1 STANGE ZIMT,
3 GEWÜRZNELKEN, 2 KARDAMOMKAPSELN,
2 TL GEMAHLENER KORIANDER, 1 TL GEMAHLENER
KREUZKÜMMEL, 1 TL ROTES CHILIPULVER,
1 TL GELBWURZPULVER, SALZ.

ZUM BESTREUEN:
2 EL GEHACKTES KORIANDERGRÜN ODER MINZE.

Zwiebeln und Chilischoten fein hacken. In einer Schüssel
Hackfleisch mit Koriandergrün, Ingwer, Ei und Salz zu einer
feinen Masse verarbeiten. Öl in der Pfanne erhitzen.
Walnußgroße Bällchen formen und braun anbraten.
Herausnehmen, abtropfen lassen.
Für die Sauce Zwiebeln in dünne Ringe schneiden,
Knoblauchzehen pressen. Tomaten ohne Haut klein schneiden.
Öl in einem großen Topf heiß werden lassen.
Zwiebeln und Knoblauch anbraten. Die übrigen Gewürze mit
Salz einrühren und 5 Minuten weiterbraten.
Tomaten zugeben, weitere 2 Minuten braten. Ständig rühren.
2 Tassen warmes Wasser unterrühren. Topf zudecken und
Sauce aufkochen lassen. Fleischbällchen vorsichtig in den Topf
legen und bei schwacher Hitze 15 Minuten köcheln lassen.
Fleischbällchen in eine Schüssel. Sauce darüber. Mit Minze
überstreuen.

KAFFEE, SCHWARZ.
UND KETCHUP

· ·

American Fast food
bei Sue Grafton

· ·

Fall A: Eine Frau hat acht Jahre im Gefängnis gesessen. Sie war schuldig befunden worden, ihren Mann umgebracht zu haben. Nun will sie ihre Unschuld beweisen.

Fall B: Eine Frau vermißt ihre Schwester. Sie wollte in ihr Apartment nach Miami fahren. Aber dort hat sich eine andere eingenistet.

Fall C: Ein junger Mann hat einen schweren Verkehrsunfall verursacht und vermutet, daß sich jemand an seinem Wagen zu schaffen gemacht hat. Kurze Zeit später ist er tot.

Fall D: Noch ein Verkehrsunfall mit tödlichem Ausgang. Der Schuldige will einem Überlebenden eine größere Summe zukommen lassen. Auch er muß sterben.

Fall E: Nun trifft es sie – die Detektivin, die die vorherigen Fälle in relativ kurzer Zeit gelöst hat: A wie Alibi, B wie Bruch, C wie Callahan, D wie Drohung und E wie Eigennutz.

Ihr Name ist Kinsey Millhone.

Sie ist eine sympathische Frau, 32 Jahre alt, hat haselnußbraune Augen und schneidet sich ihr Haar alle sechs Wochen selbst. Mit einer Nagelschere. Von eleganter Kleidung hält sie nicht viel. Ist ihr auch zu teuer. Sie trägt meist einfache Jeans, Blusen und Sweatshirts. Einmal wird sie in eine etwas bessere Gesellschaft geladen und zieht sich in ihrem kleinen VW-Käfer fix um. Aus einer schwarzen, hauchdünnen Tunika mit einem tiefen, eckigen Ausschnitt wird ein locker fallendes Kleid, ein sehr kurzes Kleid. Sie strampelt sich in eine Nylonstrumpfhose und steigt in ein Paar schwarze, hochhackige Schuhe. Die verdreckten Jeans bleiben im Wagen: «Ohne

Gürtel reichte die Tunika bis zur Mitte der Oberschenkel, der federleichte Stoff haftete auf meinen Hüften. Wenn ich vor eine Lichtquelle geriet, würde man meinen Bikinislip sehen. Na und? Wenn ich es mir schon nicht leisten konnte, mich gut zu kleiden, konnte ich zumindest davon ablenken.»

Kinsey Millhone läßt durchblicken, daß sie eine ansehnliche Figur hat. Aber sie ist knallhart – was Männer angeht und auch sonst. Kinsey Millhone ist Privatdetektivin mit einer Lizenz vom Staat Kalifornien. Zu Hause ist sie in Santa Teresa, einer südkalifornischen Stadt mit 80 000 Einwohnern: «Kunstvoll angelegt zwischen Sierra Madres und dem Pazifik – ein Zufluchtsort für unrettbar Reiche.»

Kinsey wohnt in einer ehemaligen Garage, die zu einem knapp fünfundzwanzig Quadratmeter großen Studioapartment umgewandelt worden ist. Es dient ihr als Wohnzimmer, Schlafzimmer, Küche, Bad, Toilette und Waschraum und kostet monatlich 200 Dollar Miete. Die bringt sie allemal auf. Kinsey Millhone hat nämlich gut zu tun. Sie ist viel unterwegs, und es gibt nur eine Mahlzeit, die sie relativ regelmäßig einnimmt:

KINSEYS
STANDARDFRÜHSTÜCK
●●●

Ich bestellte mein Standardfrühstück, bestehend aus Schinken, Rühreiern, Toast, Konfitüre und Orangensaft, mit jeder Menge Kaffee dazu. Das ist das einzige Essen, dem ich beständig treu bleibe, weil es alle Elemente enthält, nach denen sich mein Körper sehnt: Koffein, Salz, Zucker, Cholesterin und Fett. Wie soll man da widerstehen? In Kalifornien mit all seinen Gesundheitsfreaks wird das Essen einer solchen Mahlzeit schon als Selbstmordversuch angesehen.

Ein typisches amerikanisches Frühstück also, bevorzugt von einer Frau, die «die Amerikanerin» schlechthin zu sein scheint. Auf den ersten Blick jedenfalls.

Kinsey Millhone hat zwei Ehen hinter sich. Von der zweiten sagt sie, daß es die besten Monate ihres Lebens waren. Es kann also keine lange Zeit gewesen sein. Der Mann war Jazzpianist und auf Drogen. Als sie mit ihrem fünften Fall beschäftigt ist, taucht er eines Morgens bei ihr auf: «‹Scheiße›, murmelte ich. Ich lehnte kurz den Kopf an die Tür und sah dann noch einmal hinaus. Alles, was ich leicht verzerrt erblicken konnte, war sein Gesicht im Profil, blondes Haar, das sich wie ein Heiligenschein um seinen Kopf lockte. Daniel Wade ist wahrscheinlich der schönste Mann, den ich jemals gesehen habe – ein schlechtes Zeichen. Schöne Männer sind für gewöhnlich entweder schwul oder unglaublich narzistisch. (Tut mir leid, diese Verallgemeinerungen, Leute, aber das ist die Wahrheit.) ...Sein Haar war sonnengebleicht, die Augen von einem bemerkenswerten Blau, das von den dunklen Wimpern noch betont wurde. Seine Zähne waren gerade und sehr weiß, sein Lächeln ein wenig schief. Könnt ihr ihn euch vorstellen, Leute?»

Interessant ist, daß es kurz darauf knallt – eine Bombe detoniert, und Kinsey liegt arg mitgenommen im Krankenhaus. So bekommt der Exmann die Chance, sich um seine ehemalige Frau zu kümmern:

«Daniel ging in meine Kochnische und öffnete den Kühlschrank. ‹Kaufst du eigentlich nie ein?› – ‹Wozu denn? Ich bin nie zu Hause.› – ‹Herrje.› Er zog einen Rest Butter heraus, ein paar Eier und eine Packung Käse, der so alt war, daß er an den Ecken wie Plastik aussah. Während ich ihn beobachtete, durchsuchte er meine Küchenschränke und sammelte verschiedenes zusammen. Ich rutschte ein Stück herunter, legte den Kopf auf die Sofalehne und die Füße hoch. Ich war ausgebrannt an schnippischen Bemerkungen, und ich brachte es auch überhaupt nicht fertig, wütend zu sein. Ich hatte diesen Mann einmal geliebt, und wenn diese Gefühle auch vergangen waren, so war doch eine gewisse Vertrautheit geblieben. ‹Wie kommt es, daß diese Wohnung so komisch nach alten Socken riecht?› fragte er. Er schnitt bereits Zwiebeln mit seinen geschickten Fingern. Genauso spielte er auch Klavier, mit sorgloser Kunstfertigkeit. ‹Das ist mein Farn. Hat mir jemand als Haustier geschenkt.› Mit spitzen Fingern pickte er ein Stück Schinken auf, schnüffelte mißtrauisch daran. ‹Das Zeug hier ist steinhart.› – ‹So hält es länger.› – Er zuckte nur die Achseln und zog die drei restlichen Schinkenstücke heraus, ließ sie mit leicht klirrendem Geräusch in die Pfanne fallen.»

Daniel bereitet ihr ein Omelett. In der Passage klingt noch einmal an, daß Kinsey alles andere als eine häusliche Frau ist. Daß sie kaum etwas Eßbares im Kühlschrank hat, ist die Regel. Sie ernährt sich vorwiegend unterwegs, in Coffeeshops und an Fast-food-Ständen. Und wenn sie einen Abend in ihrem Apartment verbringt, reicht ihr ein Sandwich und ein Glas Wein.

Fast food verschlingt sie meistens dann, wenn sie gerade zuvor eine längere Strecke gejoggt ist. Nach einem schweißtreibenden Lauf am Meer entlang kann sie dieser weniger gesunden Nahrung einfach nicht widerstehen. Die Muscheln sind in Ketchup ertränkt, und eine Portion Fritten ist ihr nicht genug. Es muß dann eine große, eine Extraportion sein.

SANDWICH MIT SCHMELZKÄSE

Toast dick mit Schmelzkäse bestreichen und mit dünnen Gurkenscheiben und Zwiebelringen belegen.

SANDWICH MIT EI

Hartgekochtes Ei auf Weizentoast schneiden. Mit reichlich Mayonnaise bestreichen und salzen.

GEBRATENE MUSCHELN

Gekochte Miesmuscheln aus der Schale heben, mit Mehl, Ei und geriebener Semmel panieren, in Fett schwimmend goldbraun braten. Dazu

POMMES FRITES

Rohe Kartoffeln in 1 cm dicke und 5–6 cm lange Stäbchen schneiden, auf einem Tuch trocknen, in heißem Fett hellgelb braten, herausnehmen und abtropfen lassen. Vor dem Anrichten noch einmal in heißes Fett geben und knusperig goldgelb braten. Abtropfen lassen und mit Salz bestreuen.

CHEESEBURGER

• •

1 GROSSE ZWIEBEL, 350 G HACKFLEISCH,
3 EL SEMMELBRÖSEL, 4 EL MILCH, SALZ, PFEFFER,
PAPRIKA EDELSÜSS, 1 TL MITTELSCHARFER SENF, ÖL,
4 TOMATEN, 4 SCHEIBEN CHESTERKÄSE, 4 MILCHBRÖTCHEN.

Zwiebel schälen und fein würfeln. Mit Hackfleisch,
Semmelbröseln und Milch gut verkneten. Mit Salz, Pfeffer,
Paprika und Senf abschmecken. Vier Frikadellen formen und
mit Öl bestreichen. In vorgeheiztem Grill auf jeder Seite
5 Minuten garen. Mit Tomatenscheiben und Käse belegen und
nochmals übergrillen, bis der Käse zerläuft. Zwischen
aufgeschnittene Milchbrötchen legen.

DOUGHNUTS

• •

25 G HEFE, 40 G ZUCKER, 1/8 L LAUWARME MILCH, 375 G
MEHL, 1 PRISE SALZ, 2 EIGELB, 60 G BUTTER, KOKOSFETT
ZUM AUSBACKEN, PUDERZUCKER ZUM BESTÄUBEN.

Hefe zerbröckeln und mit einem Teelöffel Zucker und 2 EL
Milch verrühren. 10 Minuten gehen lassen. Mehl in eine
Schüssel geben, Hefe, restlichen Zucker, restliche Milch und
Eigelb dazu. Durchkneten und Butter in Flöckchen beigeben.
Teig so lange schlagen, bis er sich von der Schüssel löst und
Blasen wirft. 60 Minuten an einer warmen Stelle gehen lassen.
Teig auf bemehltem Backbrett 1 cm dick ausrollen. Mit einem
Wasserglas Plätzchen ausstechen. In der Mitte ein großes Loch
machen. Fett heiß werden lassen und Ringe darin goldgelb
ausbacken. Noch warm mit Puderzucker überstreuen.

SEEZUNGE

• •

Gehäutete Seezunge in Mehl wenden und in Butter braten. Mit
Zitronensaft beträufeln, mit gehackter Petersilie bestreuen
und mit gebräunter Butter servieren.

Nach einem dieser Snacks wird sie angerufen und von einem Mann zum Essen eingeladen. Nachdem sie eingehängt hat, merkt sie, «daß ein albernes Lächeln sich viel länger auf meinem Gesicht hielt, als es sollte. Was war nur an diesem Mann?»

Nun, er hat zumindest das, was ihr momentan fehlt: «Er wirkte entspannt, selbstbeherrscht, ein Mann von Charme und Niveau. Ich kam mir dumm und mundfaul vor, aber er schien keine Erwartungen an mich zu stellen und redete weiter über belanglose Dinge. Es war, als ob er mit halber Geschwindigkeit agierte, sich mit allem Zeit ließ. Dadurch wurde mir die gewohnheitsmäßige Anspannung bewußt, mit der ich lebe, dieser krasse Zustand bloßliegender Nerven, der mich im Schlaf mit den Zähnen knirschen läßt. Manchmal bin ich derart überreizt, daß ich ganz vergesse zu essen, erst abends fällt es mir ein, und selbst dann habe ich keinen Hunger, schlinge aber trotzdem Nahrungsmittel in mich hinein, als könnte ich durch Masse und Geschwindigkeit das Versäumte aufholen. In Charlies Gegenwart merkte ich, wie meine innere Uhr sich umstellte, mein Rhythmus sich dem seinen anglich. Nach dem zweiten Glas Wein seufzte ich auf, und da erst wurde mir klar, daß ich mich verkrampft hatte wie ein Springteufel, der darauf wartet, aus dem Kasten zu schnellen… Die Mahlzeit, die folgte, war eine der sinnlichsten, die ich jemals erlebt hatte: Frisches, zartes Brot mit blättriger Kruste, bestrichen mit einer sahnigen Pastete. Boston-Salat mit einer köstlichen Vinaigrette. In Butter gebratene Seezungen, serviert mit saftigen grünen Trauben. Zum Nachtisch gab es frische Erdbeeren mit einem Schlag Sahne.»

Wer derart genüßlich auftischen läßt, muß Dreck am Stecken haben. Das jedenfalls legt der Schluß des ersten Kinsey-Millhone-Falls nahe, in dessen Verlauf sich der charmante Mann als Mörder entpuppt: «Vielleicht war ich verrückt. Vielleicht machte ich mich lächerlich. Ich haßte Versteckspielen. Als Kind war ich darin nie gut gewesen. Ich sprang immer gleich raus, wenn einer zu nah herankam, weil ich mir vor Spannung bald die Hosen naß machte. Ich fühlte Tränen aufsteigen. O Himmel, bloß jetzt nicht, dachte ich fiebernd. Die Furcht war wie ein scharfer Schmerz. Mein Herz tat bei jedem Schlag weh und ließ das Blut in meinen Ohren pochen. Sicher konnte er das hören. Sicher wußte er jetzt, wo ich war. Er hob den Deckel. Die Strahlen seiner Scheinwerfer leuchteten auf seiner goldenen Wange. Er blickte zu mir herüber. In seiner rechten Hand lag ein Schlachtermesser mit einer fünfundzwanzig Zentimeter langen Klinge. Ich pustete ihn weg.»

Es ist sicher kein Zufall, daß sich vergleichbare Momente in sämtlichen bisher erschienenen Büchern der Amerikanerin Sue Grafton finden.

Sie, die Tochter des Krimiautors C. W. Crafton, hat sich Kinsey Millhone ausgedacht und mit all dem ausgestattet, was einerseits vergnüglich, letztendlich aber doch ein bißchen zu vordergründig ist. Vereinfacht läßt sich sagen, daß den sympathischen Figuren grundsätzlich nicht zu trauen ist. Kinsey fällt zwar auch gelegentlich auf sie herein, nur fängt sie sich dann fix und schaltet sie aus. Mit einem Schuß oder dem Ruf nach den Cops. Jedes Buch, jeder Fall endet so, und in einem kleinen Epilog rechtfertigt die Ich-Erzählerin sich noch kurz, zieht Bilanz.

Fall A: «Der Todesschuß beunruhigte mich immer noch. Er hat mich dahin gebracht, wo Soldaten und Heckenschützen sind. Ich war nie ausgezogen, um jemanden zu töten.»

Fall B: «Ich fühle auch noch eine andere Art von Schmerz, aber ich weiß nicht recht, woraus er besteht. Ich schließe die Akte, aber die Story ist noch nicht zu Ende.»

Fall C: «Sterbenskrank war ich in einem Krankenhausbett aufgewacht. Doch selbst mit einem dröhnenden Schädel und in eine nierenförmige Plastikschüssel spuckend, war ich froh, noch unter den Lebenden zu verweilen.»

Fall D: «Es gibt Schulden der menschlichen Seele, die so enorm sind, daß nur das Leben selbst eine ausreichende Buße darstellt.»

Fall E: «Zwei Tage nach der Explosion fuhr Daniel mit Bass ab. Ich kann nicht behaupten, daß ich viel dabei empfunden habe.»

Poesiealbum-Sätze, Schlußfolgerungen, die Kinsey Millhone eigentlich nicht ziehen müßte. Denn in ihrer Grundstruktur ist sie schon so etwas wie die legitime Nachfolgerin von Spade, Marlowe und Spenser. Eine Detektivin, die nach ihren gescheiterten Ehen selbstbewußt als Single auftritt und auch kleine Kinder und Hunde nicht sonderlich mag. Die schlagfertig ist und ihre kleinen Schwächen hat. Ein Einzelkind, das nach dem frühen Tod der Eltern bei der Tante aufgewachsen ist. Mit Zwanzig ging sie zur Polizeiakademie und machte am Santa Teresa Police Department ihre Abschlußprüfung. Zwei Jahre arbeitete sie in verschiedenen Berufen, landete dann bei einer kleinen Privatdetektivfirma und richtete danach ihr eigenes Büro ein.

Stichwort aus einer Biographie, die genug hergibt, um locker und cool in Aktion zu treten. Und solange es bei diesen knappen Hinweisen bleibt, haben die Geschichten einen guten drive. Problematisch allerdings wird es, wenn in den Kaffee, schwarz, der Schuß süße Sahne oder gar

SZEGEDINER GULASCH

**125 g in kleine Würfel geschnittenes Dörrfleisch in einer Kasserolle anrösten, 1/2 Pfund Rindfleisch und 1/2 Pfund Schweinefleisch würfeln und anbraten.
250 g sehr fein gehackte Zwiebeln und 5 g Kümmel dazugeben. Wenn die Zwiebeln bräunen, mit einem Glas Rotwein löschen. Zwei Pfund gehäutete klein-geschnittene Tomaten dazu. Mit 2 Lorbeerblättern, 2 Nelken, 3 Zehen geriebenem Knoblauch, 1 EL Rosenpaprika, Salz, Cayennepfeffer und Thymian würzen. Alles gut verrühren. In offenem Topf auf kleiner Flamme gar kochen. Die Sauce eindicken lassen. Wenn das Fleisch gar ist, den Topf vom Feuer nehmen und eventuell nachwürzen. Eine Tasse dicken sauren Rahm unterziehen. Dazu**

KNOBLAUCHBROT

1 STANGENWEISSBROT, 125 G BUTTER, 1 KNOBLAUCHZEHE.

Das Brot der Länge nach aufschneiden. Beide Hälften in einem Abstand von 3 cm einkerben. Die Butter mit dem kleingehackten Knoblauch zerlassen, aber nicht heiß werden lassen. Nach 10 Minuten den Knoblauch entfernen. Die Butter über das Brot streichen und für einige Minuten in den heißen Ofen, bevor es serviert wird.

Zucker kommt. Die Moral also und der larmoyante Rückblick. In dem ersten Buch ist davon noch relativ wenig spürbar. Da läßt Kinsey Millhone auch mal vom Fast food und schaut bei Rosie rein: «Das Lokal gefällt mir aus verschiedenen Gründen. Es ist nicht nur in der Nähe meiner Wohnung, sondern es zieht auch nie Touristen an; das heißt, es ist meistens halb leer und eignet sich vorzüglich für Gespräche unter vier Augen. Außerdem ist Rosies Küche originell, eine Art Kochen auf Teufel komm raus mit ungarischem Touch.»

Rosie und ihre vorzüglichen ungarischen Gerichte kommen in den folgenden Büchern leider kaum noch vor. Vielleicht ist es das, was die Serie dann allmählich ein wenig fad macht. Aber wie auch immer. Kinsey Millhone ist schon ein Gewinn, und allein die ständigen Hinweise auf körperliches Wohlgefühl und Essen sind durchweg witzig und treffend: «Ich erwachte um zehn Uhr früh mit leichten Kopfschmerzen – als bahnte sich ein Kater an, ohne daß ich auch nur ein Glas getrunken hatte. Vegas setzt mir oft in dieser Weise zu, eine Verbindung von Streß und Angst, auf die mein Körper mit allen Symptomen einer beginnenden Grippe reagiert. Ich nahm zwei Tylenol und duschte ausgiebig in dem Bemühen, die störenden Anklänge von Übelkeit fortzuschwemmen. Ich fühlte mich, als hätte ich ein Pfund kaltes Popcorn in Butter gegessen und es mit reichlich Süßstoff hinuntergespült.»

Ein solcher Vergleich käme dem nächsten Gastgeber nie in den Sinn. Er agiert in Los Angeles und hat völlig andere Vorlieben.

SAM HUNTER, NACHFORSCHUNGEN

● ●

L. A. Morse präsentiert einen
scharfen Typ

● ●

Sam Hunter ist ein scharfer Typ – in jeder Beziehung. Und ein ziemlich harter Brocken. Sein Vater war ein ehrlicher Mann in einer miesen, gewalttätigen Stadt, und in dem einzigen ernsthaften Gespräch hat er Sam eingetrichtert: «Laß dir von keinem ans Bein pissen. Draußen in der Welt gibt es eine Menge Arschlöcher, die glauben, daß jeder nach ihrer Pfeife tanzen muß, nur weil sie mehr Geld oder mehr Muskeln oder mehr Feuerkraft haben als du. Und meistens kommen sie damit auch durch, und alle spielen ihr beschissenes Spielchen mit. Aber sie haben nicht die geringste Chance, mit dem Mann fertig zu werden, dem ihr Spiel scheißegal ist – dem Mann, der sein Spiel auf seine eigene Art spielt.»

Nun, Sam Hunter hat diese Lektion beherzigt. Ganz gefressen hat er sie allerdings erst, als er nach Vietnam kam. Dort hat er mit einem vietnamesischen Mädchen zusammengelebt, der einzigen Frau, mit der er für immer und ewig zusammenleben wollte. Er hatte vor, sie mit rüber in die Staaten zu nehmen. Doch vier Typen aus der Army soffen sich einen an und entschieden, daß sie eine Frau brauchten. Sam Hunters vietnamesische Geliebte wurde ihr Opfer. Sie starb. Und Sam Hunter nahm sich die Typen vor, brachte sie vors Militärgericht – mit einer hieb- und stichfesten Anklage in der Hand. Aber es lief dann letztendlich so, wie sein Vater es ihm schon früh verklickert hatte: Es gibt da draußen wirklich eine Menge Dreckskerle, die natürlich auch so ihre Beziehungen haben. Einer der Angeklagten war Kongreßabgeordneter, ein anderer General. Die Anklage wurde fallengelassen. Und die Typen fanden das nicht nur völlig normal, sondern auch noch lustig. Was war schließlich schon groß passiert? Eine Gelbe hatte dran glauben müssen. Okay, ein Schlitzauge weniger. Sam Hunter rastete aus. Er schnappte sich die vier Männer und sorgte dafür, daß sie nie wieder etwas für komisch hielten. Das war sein Abschied von der Army. Er wurde entlassen. Zu Hause in Los Angeles mietete er sich ein Büro und brachte ein Schild an der Tür an: «Sam Hunter, Nachforschungen.»

Da sitzt er nun und gerät bald darauf erneut an einen, der ihm dumm kommt. Im Türrahmen steht eines Morgens der größte und häßlichste Mann, den er je gesehen hat. Ehe Hunter etwas sagen kann, knurrt das Monster: «Laß die Finger von Domingo.» Hunter ist sauer. Er hält nichts von Befehlen, gleichgültig, wer sie ihm gibt. «Hör mal zu, du ekelhafter Hurensohn», setzt er an. Doch bevor er den Satz zu Ende bringen kann, packt ihn Godzillas Bruder und wirft ihn gut drei Meter durch die Luft. Hunter knallt hart an die Wand. Er ist immerhin gut eins neunzig groß und wiegt über zweihundert Pfund. Dann nimmt sich der ungebetene Gast den Schreibtisch vor – massive Eiche. Das Ding fliegt einen Meter hoch, kippt um, und die Platte zersplittert. Ende der Vorstellung. Der miese Schläger tritt ab. Hunter steht ein bißchen benommen da, und seine hübsche Sekretärin Maria saust herein und wirft sich ihm schluchzend an den Hals.

FLEISCHTOPF MIT GEMÜSE

• •

800 G RINDFLEISCH (BRUST ODER RIPPE), 100 G ZWIEBELN,
3 KNOBLAUCHZEHEN, 300 G GRÜNE BOHNEN,
4 KLEINE ZUCCHINI, 200 G MAISKÖRNER, 1 MINZEZWEIG,
2 NELKEN, SALZ, PFEFFER UND SÜSSER PAPRIKA.

Das Fleisch in große Würfel schneiden und in einen Topf mit ca.
2 l Wasser geben. Mit geschnittenen Zwiebeln, Knoblauch,
geschnittenen Bohnen, Minze, Salz, Pfeffer und Paprika
kochen. Ist das Fleisch weich, die in Scheiben geschnittenen
Zucchini und Maiskörner hinzugeben und alles weich kochen.

BOHNENPÜREE

• •

70 G BOHNENMEHL, 10 G BUTTER, 1 ZWIEBEL, 1 EL SAHNE,
SALZ, PFEFFER, 1 EL ESTRAGON.

Das Bohnenmehl in 2 1/2 Tassen Wasser anrühren. Die Zwiebel
fein würfeln, in der Butter glasig dünsten. Das angerührte
Bohnenpüree dazugeben und aufkochen lassen. Dann mit
Sahne und Gewürzen abschmecken.

RÜHREI MIT CHILISCHOTEN

• •

Eine feingehackte Zwiebel und eine zerdrückte Knoblauchzehe
in erhitztem Öl anbraten, eine enthäutete, entkernte
kleingeschnittene Tomate und je nach Geschmack zerkleinerte
Chilischoten hinzugeben und ca. 5 Minuten schmoren. Dann
vier verquirlte, gesalzene und gepfefferte Eier
daruntermischen und fest werden lassen. Mit Tortillas
servieren. Oder:

VIER SPIEGELEIER

• •

beidseitig gebraten und mit Sambal bestrichen. Dazu:

Und nun gibt uns Sam Hunter noch etwas von seiner Lebensphilosophie preis. Er glaubt nämlich festgestellt zu haben, daß nichts eine Frau für Sex offener macht als ein ordentlicher Schrecken. Maria ist sehr verängstigt. Also dauert es nicht allzu lange, «und sie schluchzte aus einem anderen Grund als zu Anfang... Ich zog meinen Reißverschluß wieder zu und verließ das Büro. Ich brauchte jetzt was zu essen. Und außerdem brauchte ich ein paar Informationen. Über Domingo. Wer oder was auch immer das war. Mein Urlaub würde noch warten müssen. Bis ich Domingo gefunden hatte. Domingo schuldete mir wenigstens einen neuen Schreibtisch.»

So einer ist Sam Hunter. Und nun sucht er also ein Lokal auf, ein mexikanisches. Hunter ißt vorwiegend mexikanisch – scharf, sehr scharf.

Das Essen füllt ihm den Bauch und hilft ihm, wieder einen klaren Kopf zu bekommen. Seine Stirnhöhlen sind gründlich gelüftet. Gestärkt begibt er sich auf die Suche, fährt zum Sunset, L. A.: «Warenladungen voller Bauern waren unterwegs, um sich über die Kreaturen zu ereifern, die nachts den Strip bevölkerten. Wagenladungen voller Freaks waren unterwegs, um zu sehen und von ihren Freunden gesehen zu werden. Vorbei an pulsierenden Discos, eleganten Cafés und nicht ganz so schicken Porno-Palästen schob sich ein massiver Strom jenes Stoffs, der Hollywoods Traummaschinerie mästet und von ihr gemästet wird. Kiffer, Kokser, Haschfresser, Speedfreaks, Kippenschnorrer, Rocker, Raser, Autofreaks, Zuhälter, Pusher, Prostituierte, religiöse Fanatiker, die errettet worden sind, gemeingefährliche Irre, die niemals errettet werden, Yogis, Krishnas, Buddhisten, Maoisten, Stadtguerillas, Neonazis, Transvestiten, Mannweiber, Lederjungs, Kettenmädchen, Starlets, die auf ihre Entdeckung hoffen, und all die anderen, die einfach dort sind, weil sie nicht wissen, wo sie sonst hingehen sollen. Der ganze Abschaum der Stadt ergoß sich über diese Straße, und ich mußte hindurchwaten, um mir ein paar Antworten zu holen.»

Sam Hunter ist alles andere als ein bedächtig vorgehender Detektiv. Er fragt nie lange. Er sagt, was er hören will, und wenn er nicht sofort eine ihn zufriedenstellende Antwort bekommt, langt er zu: «Ich verdrehte sein Handgelenk, streckte seinen Arm und schlug mit dem Handballen kräftig auf seinen Ellbogen. Der Arm brach wie ein Streichholz. Ehe er schreien konnte, knallte ich ihm meinen Ellbogen in die Rippen. Es knackte. Meine Faust kam hoch und traf auf die Kinnlade. Als er zu Boden ging, spuckte er Zähne.»

So also prügelt er sich durch den Sumpf, die Kloake. Es ist wie in einem der ganz üblen Comic strips. Gewalt und Sex bestimmen die Handlung der Hunter-Romane. Psychologisiert wird hier nicht. Action ist angesagt, vom ersten bis zum letzten Moment. Sam Hunter ist ständig in Bewegung. Er teilt aus und steckt manchmal auch ein. Doch die relativ kleinen Niederlagen lassen ihn noch brutaler und gemeiner werden. Und zwischendurch lädt er sich immer wieder neu auf – mit schnellem Sex und Gerichten, die ihn erst richtig auf Touren bringen.

«Das Essen war gut wie immer. Ein Gericht bestand aus hauchdünn geschnittenem Hühnchenfleisch, getrockneten Orangenschalen aus Shanghai, die 25 Dollar das Kilo kosteten, und einer ordentlichen Handvoll scharfer Pfefferschoten. Man nahm ein Stückchen von dem Huhn, ein Stück Orangenschale und eine Pfefferschote in den Mund, und dann explodierte ein wahres Geschmacksfeuerwerk zwischen den Zähnen. Ein anderes Gericht bestand aus streichholzdünn geschnittenem Rindfleisch und geraspelten Möhren, die zusammen mit zerstoßenen Chilis in Fett angebraten waren. Die Süße der Möhren verstärkte die Schärfe der Chilis, und die Fleischstückchen absorbierten. Das dritte Gericht war eine Art Bohnenquark mit einer Soße auf Fleischsuppenbasis, die mit den berühmten chinesischen Pfefferkörnern namens fagara abge-

TORTILLAS

(FÜR 12 STÜCK) 175 G MAISMEHL, 1 TL SALZ.

Maismehl und Salz in einer Schüssel gut vermengen. Nach und nach gut 1/4 l Wasser dazugeben und verkneten. 12 walnußgroße Kugeln formen und in dünne Fladen ausrollen. Eine Pfanne einfetten, erhitzen, die Tortillas 2–3 Minuten auf jeder Seite darin bräunen.

TACOS

**Warme Tortillas mit gekochtem und feingehacktem Hühner-, Schweine- oder Rindfleisch füllen, mit einem Zahnstocher durchstechen, damit die Röllchen nicht aufgehen können, und in Öl knusperig braten. Mit reichlich Chilisauce betropfen.
Oder:**

ZWEI SCHEIBEN SCHWARZBROT

kleingehackte Jalapenos darüber, Zwiebelringe, vier Scheiben Schmelzkäse – kurz überbacken und mit einem großen Stück frischer Ananas servieren.

MILCHBRÖTCHEN

seitlich aufgeschnitten und gefüllt mit Scheiben gebratener Chorizo-Wurst. Darüber:

CHILISAUCE

4 TOMATEN, 2 ROTE PFEFFERSCHOTEN, 1 ZWIEBEL,
30 G BUTTER, 1 KNOBLAUCHZEHE, JE 1/4 TL THYMIAN UND
SALBEI, 1 EL GEHACKTE PETERSILIE, SALZ UND PFEFFER.

Tomaten, Pfefferschoten und Zwiebel sehr klein hacken. Butter in einer Kasserolle leicht erhitzen und die Mischung zusammen mit den anderen Zutaten 15 Minuten auf kleiner Flamme kochen. Oder:

SCHARFE GRÜNE SAUCE

5 GRÜNE TOMATEN, 3 ZWIEBELN,
2 SCHARFE PFEFFERSCHOTEN, 1/4 L WASSER, 1 TL SALZ.

Tomaten, Zwiebeln und Pfefferschoten am besten in einem Mixgerät zerkleinern. Auf kleiner Flamme 15 Minuten kochen, durch ein Sieb geben und kalt zu Eiern oder Fleisch servieren.

HACKSTEAK

mit einer daumendicken Scheibe Roquefort und bedeckt mit eingelegten Gurkenscheiben.
Als Beilage: Zwiebelringe in Bierteig gebacken.

schmeckt war. Nicht übel und noch dazu von der Konsistenz her ein netter Kontrast zu den beiden anderen Gerichten. Dazu bekam ich drei große Schalen Reis und ein paar Bier. Es war in Ordnung.»

Wenn Sam Hunter dann seine .357 Magnum eingesteckt hat und durch die Stadt kurvt, gönnt er sich unterwegs manchmal noch ein Milchbrötchen.

Ein weiterer von ihm bevorzugter Snack ist Hacksteak.

Dann ist Sam Hunter bereit zum Mistaufwirbeln, wie er seine Arbeit nennt. Und auch richtig heiß darauf.

Auf einer seiner Fahrten gerät er in einen Stau. Damit hat er nun eigentlich kein Problem. Wohl aber mit dem specknackigen Quadratschädel im Wagen neben ihm. Der Mann «hatte eine Quadroanlage, die laut genug Country-and-Western-Schrott plärrte, um es noch in Oklahoma zu hören. Er trug ein Hawaii-Hemd und paffte an einer dicken Zigarre, die er nicht mal aus dem Mund nahm, als er eine Büchse Bier trank. Ich starrte ihn finster an, doch er lachte nur, als dächte er, er wäre der Herr der Straßen.»

Das ist natürlich weit gefehlt. Der King in L. A. heißt Sam Hunter. Er bittet den Fahrer zwar erst einmal, das Ding leiser zu stellen, erntet aber nur ein weiteres Lachen und bekommt gesagt, er solle sich verpissen. Da ist es wieder – das Reizwort für Hunter. Das kann er nicht durchgehen lassen. Also langt er nach seiner Knarre und zielt auf die Stirn des Mannes. Augenblicklich erstirbt der Lärm mit einem jähen Winseln. «Was ich tat», reflek-

tiert Hunter anschließend kurz, «war natürlich gesetzwidrig, aber wen juckte das? Es funktionierte, mehr zählte nicht.»

Und so kommt er mit allem klar. Zielstrebig arbeitet er sich zu jenem mysteriösen Domingo vor – legt dabei allerdings noch einige Stopps ein, um sich richtig aufzubauen.

Seine Abendmahlzeiten sind – einmal davon abgesehen, daß sie extrem gewürzt sein müssen – durchaus empfehlenswert. Er verspeist eine ordentliche Portion Chili con Carne.

Gut schmecken ihm auch Hähnchenteile.

Die von Sam Hunter bevorzugten Gerichte sind erträglich. Wie er aber seine Fälle löst, dabei vorgeht, ist sicher nicht jedermanns Sache. «Jetzt oder nie, wie man so schön sagt. Ich warf mich von der Couch, riß die Kanone hoch und feuerte gleichzeitig. Ich erwischte ihn neben der Nase. Er war tot, bevor er auf dem Boden auftraf. Das war das. Und so gefiel es mir besser. Unter dem Strich hatte ich das erreicht, was ich mir vorgestellt hatte. Allerdings war es nicht ganz so sauber und glatt verlaufen, wie ich vorgehabt hatte. Ich stand auf und schaute mir das Szenarium an. Perfekt. Ich bemerkte, daß einige Schlangen aus ihrem zerbrochenen Käfig gefunden hatten und auf die offene Hintertür zuschlängelten. Schwarze Mambas in Beverly Hills. Das sollte ein bißchen Schwung in den Laden bringen. Ich überlegte, ob ich jemanden anrufen und es ihn wissen lassen sollte. Ich grinste. Scheiß drauf. Mein Flugzeug wartete.»

Ende des ersten Falls.

Ausgedacht hat sich die Figur des Sam Hunter Larry Alan Morse, ein Autor, der ehemals Produktionsassistent beim Fernsehen war und später das Erwachsenenbildungsprogramm der Universität Toronto koordiniert hat. Zwei Hunter-Romane von ihm liegen vor, «Ein fetter Brocken» und «Sleaze».

«Sleaze» hat eine Vorbemerkung, in der augenzwinkernd formuliert ist, um was es letztendlich geht: «Dieser Roman enthält überflüssigerweise zahlreiche Sex- und Gewaltszenen. Außerdem ist er in einer miesen Sprache ge-

BIERTEIG

• •

250 G MEHL, 3 EL ÖL, 2 EIGELB, 1/4 L HELLES BIER UND 1 PRISE SALZ

geschmeidig rühren, eine Stunde ruhen lassen, danach 2 geschlagene Eiweiß darunterziehen.

CHILI CON CARNE

• •

(FÜR 6 PERSONEN) 5 EL ÖL, 1,2 KG GEMISCHTES HACK, 1/2 L RINDFLEISCHBRÜHE, 300 G ZWIEBELN, 1 GROSSE DOSE TOMATENMARK, 6 KNOBLAUCHZEHEN, 6 GETROCKNETE CHILISCHOTEN, 500 G TOMATEN, 2 DOSEN ROTE BOHNEN, SALZ, PFEFFER AUS DER MÜHLE, CHILIPULVER.

4 El Öl in einer Pfanne erhitzen, das Hack hineingeben und unter Rühren bräunen, bis es krümelig wird. Dann in einen großen Topf umfüllen, die Brühe dazu. In der Pfanne mit dem restlichen Öl die gewürfelten Zwiebeln glasig werden lassen. Tomatenmark dazu und kurz mitschmoren. Dann auch diese Masse in den Topf. Mit gepreßtem Knoblauch und feingehackten Chilischoten würzen. Die Tomaten häuten und kleingeschnitten dazugeben. Alles ca. 45 Minuten köcheln. Zuletzt die Bohnen hinzu und kurz erhitzen. Das Chili con Carne nun mit Salz, Pfeffer und Chilipulver scharf abschmecken.

HÄHNCHENTEILE

• •

mit einer Mischung aus Knoblauch und Chilipulver und einer Spur Muskatnuß bestäubt, in eine Ei-Milch-Menge getaucht, in Mehl gewendet und in heißem Schweineschmalz knusperigbraun gebraten. Dazu ißt er Reis mit Linsen, Tomaten, Zwiebeln und kleinen Stücken einer würzigen Wurst gebraten.

schrieben und enthält noch miesere Witze. Wenn Sie so etwas nicht mögen, ist jetzt genau der richtige Zeitpunkt, dieses Buch wieder aus der Hand zu legen.»

Aber wer tut das schon? Zumal in «Sleaze» nahezu perfekt mit den Versatzstücken Sex und Crime gespielt und dabei dermaßen überzogen wird, daß das Buch zwangsläufig als Parodie verstanden werden muß – bis hin zum makabren Ende.

«Ich blickte noch einmal auf Natalie Orlovs Leiche und wendete mich dann schnell ab. Es waren noch ein paar Dinge zu erledigen. Ich spürte, wie Alana ihre Hand auf meinen Arm legte. Scheiß drauf. Das konnte warten. Bis später, viel später. Unten in der Höhe der Scheune sah ich, wie ein Geier unbeholfen und schwerfällig neben Dirk landete. Ich lächelte wieder. Wahrscheinlich zum allerersten Mal in der widernatürlichen Existenz dieses Arschloches würde er für ein anderes Wesen von einem gewissen Wert sein. Der Geier hüpfte auf Dirks Brustkorb und begann mit seinem dunklen Schnabel zu hacken. Ich sah zu, wie der große, häßliche Vogel eins von Dirks gelben Augen herausriß. Bon appétit, Kumpel.»

Sam Hunter wird sich seinen Appetit dadurch nicht verderben lassen.

NEW YORK BABYLON

• •

Die Obsessionen des Jerry Oster

• •

Charles Ives ist ein Snob – sagen seine Kollegen. Sie glauben, daß er seine Nachmittage im Museum of Modern Art verbringt und sich bulgarische Filme ohne Untertitel ansieht. Das tut er zwar nicht, aber Ives weiß zum Beispiel, daß Keats die «Ode an die Nachtigall» geschrieben hat, Vergils Gefährte Dante ist, was bedeutet, Dimaggio ist Dom, nicht Joe, was bedeutet, daß ein Grundnahrungsmittel meat und nicht eggs ist, was wiederum bedeutet, daß Stevens als Autor von «The Anecdote of the Jar» stimmt.

Ives löst so ein Kreuzworträtsel im Vorübergehen, in der Redaktion. Charles Ives ist Journalist, Reporter in New York. Kein New Yorker. Das betont er, wenn seine Freundin Kate ihm vorwirft, daß New Yorker vom wirklichen Leben nicht die geringste Ahnung haben.

Charles Ives kommt aus Wisconsin, Michigan, und blickt voll durch. Denkt er. Er ist dabei, einen Vorfall in SoHo zu recherchieren.

Ein Mann ist von einem Einbrecher erschossen worden. Der Mann hat den Einbrecher in seinem Apartment überrascht, ist mit einem Küchenmesser auf ihn losgegangen und hat ihn noch niederstechen können, bevor ihn dann die tödliche Kugel traf. Nicht gerade aufsehenerregend. Keine heiße Story für New Yorker Verhältnisse. Wenn der Mann nicht ein TV-Star gewesen wäre. Er war in einer ganzen Menge von Werbespots zu sehen: Dieser Typ, der mit einer Bootsladung Bier über einen Parkteich rudert. Großartig! Und seine Frau Pamela – ja, das ist sie, schon beim ersten Blick. Eine geheimnisvolle Schönheit. Sie sucht Charles Ives spätabends in seiner Wohnung auf, und ihre verhängnisvolle Affäre beginnt mit einem Kaffee.

«Möchten Sie einen Drink?» sagte ich. – «Hätten Sie einen Kaffee?» – «Aber sicher.» Ich ging in die Küche, machte mir einen Scotch, trank, stellte Wasser auf und gab Bohnen in die Mühle. Die Geräusche lockten sie an die Tür. «Soviel Mühe wollte ich Ihnen nicht machen.» – «Es ist keine Mühe.» Sie nickte. «Ich weiß. Ich mahle meinen Kaffee immer selber, und stets sagen die Leute ‹Oh, machen Sie sich nicht die Mühe›, und ich sage dann stets ‹Es ist keine Mühe.›» – «Geht so schnell wie Pulverkaffee», sagte ich, «und ist hundertmal besser.» – «Was für eine Sorte?» fragte Pamela. – «Französischer.» – «Ich trinke französischen Mokka – mit einer Spitze Zimt.» – «Hab ich nie probiert», sagte ich. Übertrieben sorgfältig ging ich meine Gewürze durch. «Nichts. Kein Zimt.» – «Kaufen Sie Ihren Kaffee bei McNulty's?» sagte Pamela. – «Noble und Bowman. Ist meistens nicht so voll.» – «Bei McNulty's herrscht immer ein schreckliches Gedränge», sagte Pamela. Ich nahm den Wasserkessel von der Flamme und übergoß den gemahlenen Kaffee. – «Das Wasser kocht nicht», sagte Pamela. – «Soll es auch nicht», sagte ich. «Es soll heiß sein, aber nicht kochen.» – «Warum das?» – Ich zuckte mit den Schultern. «Damit der Kaffee nicht so einen großen Schock bekommt oder so ähnlich.»

Pamela ist genau die Frau, die einen Mann wie Charles Ives um den Verstand bringen kann. Zumal ihm Kate im Moment ein wenig auf den Geist geht. Sie will ein Baby von ihm und noch so

KAFFEE D'AMOUR

· ·

**Eine Prise Zimt mit einem kräftigen Schuß Cointreau
wird mit heißem Kaffee aufgefüllt
und mit einer Zimtstange serviert.**

einiges. Etwas mehr Verbindlichkeit. Ives sieht sich schon als Daddy am Gartenzaun stehen, mit Hypotheken und Raten für Haus und Auto belastet. Kate bringt ihn allmählich so weit, daß er nicht einmal mehr Lust hat, mit ihr zu schlafen. Er sagt ihr vorerst good bye und taucht ab, gerät tief in den Strudel von «New York Babylon».

Jerry Oster erzählt in seinem ersten Kriminalroman die Geschichte eines Mannes, der einen krankhaften Drang nach etwas Unerreichbarem hat: Nympholepsie nennt es seine Freundin. Man könnte auch sagen, Charles Ives hat eine Obsession, ist besessen von der Vorstellung, eine Frau für sich erobern zu müssen, die er in seiner Phantasie überhöht, ihr eine Bedeutung gibt, die nichts mit ihrer Realität gemein hat. Er glaubt, eine «Heilige» zu lieben, und muß später sehen, daß sich über sein Bild von ihr eine schmierige Schicht legt, ein kleiner, schmutziger Film abläuft. Jerry Oster schreibt über Männer, die desillusioniert werden oder es bereits sind.

Er selbst macht den Eindruck, ein völlig anderer Typ zu sein. Er hat ein schmales Gesicht, große, freundlich blickende Augen, ein offenes Lächeln. Hohe Stirn, glattgekämmtes Haar, nicht zu kurz, nicht zu lang. Jerry Oster ist 1947 in New Mexico geboren, kommt als Zehnjähriger nach New York, besucht die High-School, später die Columbia University, belegt als Hauptfach englische Literatur. Danach hat er einen Job bei United Press International News Service, dann bei Reuter und schließlich bei den New York Daily News. Ein Journalist, ein Mann wie Charles Ives.

Die Ausgangssituation in «New York Babylon» ist ohne Frage autobiographisch. Jerry Oster war Polizeireporter, hat unzählige Tatorte aufgesucht, über alle möglichen Verbrechen geschrieben. Vorstellbar, daß er dabei auch einer Frau wie Pamela begegnet ist. Und ihr gefolgt ist – in Gedanken. Sie später wieder entdeckt hat im Guckkasten, auf der Leinwand eines schäbigen Kinos. Durchaus denkbar, daß er seitdem Frauen anders sieht – beängstigend triebhaft und letztendlich dann kalt und berechnend. Er ist fasziniert und zugleich abgestoßen. Überall setzt ihm fortan dieser Typ Frau zu. Beinahe lebensgroß lockt sie auf Plakaten: «Sie hatte ihre linke Hüfte herausgestreckt, und ihre linke Hand lag auf ihrem Hintern – lag ganz leicht darauf, nicht richtig fest, sondern glitt vielmehr in einem leichten Streicheln darüber. Ihre Haut war weiß: weiß gegen das schwarze Kleid, weiß gegen ihr rotbraunes Haar, weiß gegen ihre dunkelrot geschminkten Lippen, weiß gegen die kurze weiße Pelzjacke. An ihrem linken Handgelenk hatte sie ein goldenes Armband, an ihrem rechten Ringfinger einen silbernen Ring. Sie trug hochhakkige silberne Sandalen. Sie war schon überall gewesen, hatte alles gemacht und würde es wieder tun, sobald es etwas Neues gab; mit ihr zu gehen würde kostspielig sein.»

Jerry Oster macht sich und den Leser heiß auf sie. Und schon schnappt ein Messer auf, gleitet die Klinge am Oberschenkel der Frau entlang, der durch den Schlitz ihres Kleides bis zur Hüfte nackt ist.

So beginnt «Dschungelkampf». Mit dem Verlangen, es dieser Braut zu zeigen. Drei Kids bringen sich gegenseitig hoch. Die U-Bahn donnert heran. Im Abteil bleiben die Jungs auf ihrem

RÜHREI AUF ROGGENTOAST

• •

**Kaffee in den Filter füllen und Maschine einschalten.
4 Scheiben Frühstücksspeck in die Pfanne legen und knusprig
braten. 2 Eier in einer Schüssel verquirlen, pfeffern und salzen
und mit etwas Milch strecken. Die Speckstreifen auf Toast
legen. Das Rührei in der Pfanne aufstocken lassen und dann auf
den Toast geben. Vorweg ein Glas frischgepreßter
Orangensaft.**

Trip. Sie greifen sich eine verängstigte Krankenschwester, die nun stellvertretend herhalten soll. Doch da ist auch noch ein Mann. Er trägt Mokassins und einen marineblauen Pullover: «Er hätte gut ein Student sein können, vielleicht schon ein bißchen zu alt, oder auch ein etwas junger Professor – für Englisch oder Mathematik. Er hätte auch ein Dichter sein können oder ein Banker, der sich unters gemeine Volk mischte.» Wahrscheinlich aber verbirgt sich Jerry Oster hinter der Beschreibung. Der Autor wird diese und ähnliche Szenen in der Subway oft genug miterlebt haben. Wie jeder New Yorker. Kriminalität in der U-Bahn. Raub, Vergewaltigungen, Mord. Jerry Oster läßt seinen Mann cool die Waffe ziehen und einen der Typen umnieten. Lieutenant Jacob «Jake» Neuman und Sergeant Bobby Redfield übernehmen den Fall.

Lieutenant Jacob «Jake» Neuman vom New York City Police Department, Mordkommission, wiegt gut 250 Pfund. Er hat dunkles krauses Haar und trägt Kleidungsstücke, die absolut nicht zusammenpassen: leuchtende Karos, Hemden in Gelb- und Blau- und Rottönen, wie sie nur von hundertprozentig synthetischen Stoffen erreicht werden können. Er hat zwei Hüte: einen Strohschlapphut für den Frühling und Sommer, einen braunen Filzschlapphut für Herbst und Winter. Er ist klein, untersetzt, und er haßt das Mitteilungsbedürfnis einiger Zeugen, ihre Selbstdarstellung: Gerede, Gerede, Gerede. Und er atmet auf, wenn er endlich mal auf jemanden trifft, der ihn nicht vollsülzt: Kein langes Geschwätz, kein Geplapper, keine Reminiszenzen, keine Abschweifungen, kein plötzlicher Themenwechsel. Einfach nur klare, deutliche Jas und Neins, einfach nur die nüchternen Fakten. Kein Gerede, Gerede, Gerede. Einfach nur ein Gespräch und Punkt. Das aber hat er äußerst selten. In New York zieht so ziemlich jeder seine eigene kleine oder größere Show ab.

Jake steht oft früh auf und bereitet sich vor seinem nervenzehrenden Job ein schnelles Frühstück zu.

Verheiratet ist Jake mit Maria, die ihm an körperlichem Gewicht nicht viel nachsteht – 200 Pfund bringt sie auf die Waage. Maria stammt aus San Juan, hat fünfzehn oder zwanzig Schwestern, und Kusinen, Millionen Kusinen, zu Hause in San Juan, in Miami, in Jersey City, in der Bronx und wahrscheinlich auch auf dem Dachboden. Das denkt Jake manchmal, wenn sie ebenfalls redet und redet und redet. Zudem versorgt Maria ihn geradezu erbarmungslos: «Die Sandwiches waren in Wachspapier eingeschlagen, die Pickles und die Eier lagen in Plastik-Brotbeuteln. Das alles lag neben einer braunen Tüte, auf die Maria eine blaue Thermoskanne gestellt hatte. Gegen die Kanne hatte sie einen Zettel gelehnt: Lieber Jacob, pack die Sandwiches, die Pickles, die Eier, das Salz und den Pfeffer in die Papiertüte. Füll die Thermoskanne mit Kaffee aus der Kaffeemaschine. Nimm die Papiertüte und die Thermoskanne mit. Trink nicht aus der Thermoskanne, während du fährst. – Love Maria.»

SANDWICHES MIT SCHINKEN UND SCHWEIZER KÄSE

●●●●●●●●●●●●●●●●●●●●●●●●●●●●●●●

3 SANDWICHES MIT SCHINKEN UND SCHWEIZER KÄSE AUF ROGGENBROT MIT SENF. 4 SAURE PICKLES, 3 HARTGEKOCHTE EIER. 1 TÜTCHEN SALZ, 1 TÜTCHEN PFEFFER.

Doch bleiben wir noch einen Moment bei dem eigentlichen Thema des Kriminalromanschriftstellers Jerry Oster. In «New York Babylon» klingt es bereits an, in «Dschungelkampf» wird es zum Wahn, zieht Oster es voll durch. Es geht ihm um das offenbar tief verwurzelte Trauma vieler amerikanischer Männer, die mit allem fertig zu werden glauben, nur eben nicht mit Frauen, die straight und dynamisch ihre eigenen Wege gehen: «Ich habe sie umgebracht, weil sie den Tod verdient hat. Sie hat verdient zu sterben, weil sie nämlich selbst ein Killer ist. Sie mordet Männer, sie kastriert sie. Sie nimmt die Eier der Männer in ihre Hände, schneidet sie dann ab, kaut sie durch und spuckt sie wieder aus. Nacht für Nacht, während Millionen von Menschen zuschauen. Dafür bekommt sie eine halbe Million Dollar im Jahr. Dafür nennt man sie einen Star – eine Journalistin. Und sie ist nicht das einzige Miststück, die einzige miese Fotze dieser Art. Bei weitem nicht. Die Welt ist voll von ihnen. Mit ihren tiefen Ausschnitten, ihren Röcken mit den langen Schlitzen, mit ihrer aufreizenden Arroganz. Sie sind Killer – Männer-Killer. Eier-Knacker. Kastrierer. Sie saugen den Männern das Leben aus – und sie saugen einem Mann die Seele aus. Sie nennen sich selbst Feministinnen, aber sie sind doch nichts anderes als Killer.» Düsterer Hintergrund und zugleich Erklärung für den blindwütigen Haß und diese Paranoia ist bei Jerry Oster die größte Niederlage in der Geschichte der USA, der verlorene Krieg in Vietnam, an dessen Hölle eine ganze Generation verraten wurde. Die verschont blieben, kamen zurück und fanden keinen Platz mehr in der Gesellschaft. Es hatte sich etwas verändert mit ihnen. Die jungen Männer hatten das Grauen gesehen, Unvorstellbares, waren auf einem langen, üblen Trip. Zu Hause weiß man kaum etwas davon, hat gelebt wie bisher. Die Frauen ein wenig mehr. Sie haben sich weitgehend befreit, treten klarer, selbstbewußter auf, handeln eigenständig. Das ist der echt harte Teil für Jerry Osters Protagonisten, daran klinken sie aus. Sie haben gerade erst einen Krieg verloren und wollen nicht schon wieder unterliegen, nicht im Job und erst recht nicht im Bett. Sie wollen und können sich nicht damit abfinden, daß sie längst nicht mehr die Heroen sind, die sagenhaften Typen, es eigentlich nie waren. Doch es ist so, in beinahe jeder Beziehung. Es ist die Realität, zumindest New Yorker Alltag.

«Jake» Neuman hatte die Nummer nicht. Er begreift erst spät, zu spät, was da um ihn herum abgeht. Der «Dschungelkampf» auf den Straßen und in den Apartments Manhattans hinterläßt auch bei ihm eine Macke. Er schmeißt seinen Job.

Jerry Oster hat mit seinem zweiten Kriminalroman große Beachtung gefunden. Es ist ein Polizeiroman der Spitzenklasse. Lieutenant Jacob «Jake» Neuman vom New York City Police Department, Mordkommission, konnte zwangsläufig nicht so einfach Abschied nehmen. In «Nowhere Man» tritt er wieder auf: «Als er jetzt in den Spiegel sah, sich wirklich sein Gesicht ansah, sich dann umdrehte, um sich in dem lebensgroßen Spiegel an der Badezimmertür anzusehen, sah er keinen New York City Police Department Detective Lieutenant im Ruhestand, früherer Chef der Uptown West Special Homicide Investigations Unit, Gewinner von einem

Haufen Medaillen und einer besonderen Auszeichnung durch den Bürgermeister. Er sah keinen Veteranen von dreiunddreißig Jahren im Department und vierzehn Jahren Ehe. Er sah keinen vierundfünfzig Jahre alten, dicken Mann mit dürftigem Haarwuchs, in einem weißen Fruit-of-the-Loom-T-Shirt, khakifarbenen Dee-Cee-Arbeitshosen, dunkelbraunen kurzen Nylonsocken mit beigem Muster und schwarzen halbhohen Converse-All-Stars-Basketball-Schuhen. Er sah Jacob Neuman überhaupt nicht.» – Nicht den «alten» Jake Neuman. Der Detective muß sich in «Nowhere Man» nun auch mit faszinierenden Frauen auseinandersetzen, ist bei seinen Ermittlungen ständig gefährdet: «Sie war ungewöhnlich, weil sie Männerkleidung trug – nicht bloß lange Hosen und Hemden und flache Schuhe, sondern MÄNNERkleidung: heute einen zweireihigen Navy-Blazer über einem weißen Tennispullover mit Zopfmuster, ausgebeulte weiße lange Hosen, schwarz-weiße Schuhe, ein Nadelstreifenhemd, einen Schlips; sie trug keinen Hut heute, sondern hatte ihr langes blondes Haar hochgesteckt, und von vorn sah ihre Frisur wie die eines Mannes aus – und ungewöhnlich, weil er, als er in ihre Augen blickte, ein Schild mit der Aufschrift Betreten verboten sah.»

Sie ist Filmemacherin, Dokumentarfilmerin. Sie hängt sich an Neuman und der sich an sie. Aber auch sie tötet. Sie killt Männer, die sie enttäuscht und gedemütigt haben. Die nichts über ihre Gefühle und Stimmungen, ihre Gedanken und Sehnsüchte wissen wollen. Die abhauen, wenn sie das fordert.

Das ist ein neuer Ansatz bei Jerry Oster. Der Versuch, in den bislang einzig als «Täterinnen» vorgeführten Frauen die «Opfer» zu sehen. In «Nowhere Man» läßt er erstmals eine Frau monologisieren, gibt ihr Raum, sich zu erklären. Die Bilder im Guckkasten der Phantasie bestimmen nicht länger allein die Handlung. Er wech-

SANDWICH MIT ERDNUSSBUTTER

Toast, dünn mit Erdnußbutter bestrichen und einen Klecks Himbeergelee darauf.

GEFÜLLTE FLEISCHKLÖSSCHEN

250 G GEHACKTES, 500 G SCHABEFLEISCH, 4 SCHEIBEN WEISSBROT, JE 4 EL ROTWEIN UND TOMATENSAFT, 1/2 GERIEBENE ZWIEBEL, 1 TL SALZ, 1 EI.

FÜR DIE FÜLLUNG: 125 G CHAMPIGNONS, 1 SCHEIBE WEISSBROT, 200 G GERIEBENER SCHWEIZER KÄSE, 1 TL KRÄUTER UND SALZ.

Champignons in Scheiben schneiden und in Butter dünsten. Scheibe Weißbrot zerbröckeln, mit Champignons, Käse, Kräuter und Salz gut verrühren. Für die Klößchen ebenfalls das Weißbrot mit den übrigen Zutaten vermischen. Aus der Masse Klöße formen und flachdrücken. Auf jede Portion 1 EL der Füllung und sie mit der Masse umschließen, kurz anbraten. Danach in 1/8 Liter Tomatensaft und Kräutern 25 Minuten zugedeckt bei niedriger Hitze gar kochen. Heiß mit Butterreis servieren oder – wie «Jake» – kalt mit Kartoffelsalat verspeisen.

KARTOFFELSALAT

Scheiben von kleinen, geschälten Pellkartoffeln mit ausgelassenen Rauchspeckwürfeln, Mayonnaise und fein gewiegtem Dill anmachen.

HÄHNCHEN KALT
MIT GEFÜLLTEN AUBERGINEN

• •

**1 GROSSE AUBERGINE, 15 G BUTTER, 1 ZWIEBEL,
1 PAPRIKASCHOTE, 4 GESCHÄLTE TOMATEN,
70 G SEMMELMEHL, 125 G CHAMPIGNONS, 1 TL SALZ,
ETWAS PFEFFER, 70 G GERIEBENER KÄSE.**

**Zwiebel schälen und in Scheiben schneiden. Paprikaschote in
Streifen schneiden. Beides in Butter anbraten. Die Aubergine
der Länge nach teilen und das Innere aushöhlen, es mit den
Tomaten, Salz und Pfeffer mengen. Geschnittene
Champignons, Zwiebel und Paprikaschotenstreifen beigeben,
und die Mischung in die Hälften füllen. Semmelmehl und Käse
darüberstreuen und in einer Auflaufform mit etwas Wasser
etwa 15 Minuten backen.**

selt die Perspektive, löst sich weitgehend von traditionellen Erzählmustern, splittet die Handlung auf. Es ist «Jake» Neumans vorerst letzter Fall, bei dem ihm offensichtlich auch der Appetit vergeht. Statt Rührei-Schinken begnügt er sich morgens mit einem Sandwich mit Erdnußbutter. Seine Frau Maria gibt ihm nichts mehr mit auf den Weg. Sie erklärt ihm lapidar, daß im Kühlschrank noch etwas ist, für abends oder nachts, wenn er heimkommt. Ein Kollege bietet ihm bei sich zu Hause einen Imbiß an: Hähnchen kalt mit gefüllten Auberginen. «Jake» Neuman lehnt ab.

Jerry Oster hat mit «Nowhere Man» das Interesse an seinem Detective verloren. Sein darauf folgendes Buch «Saint Mike» ist ein Konglomerat verschiedener Stimmen: Gerede, Gerede, Gerede, würde Detective «Jake» Neuman seufzen. Ausufernde Assoziationsketten, die eigentliche Geschichte ist in unzählige Geschichten eingebettet. Widersprüche bleiben bewußt stehen. Die Wahrheit gibt es ohnehin nicht. Was für den einen einschneidend war, ist für den anderen eine Episode.

Zwei Frauen treffen aufeinander: Die FBI-Undercover-Agentin und eine High-Society-Lady, die mit Koks dealt. Sie ähneln sich. Um ihren Kampf geht es. Die Männer um sie herum sind schwafelnde, geil sabbernde Witzfiguren. Lächerlich, wenn sie – wie in den früheren Romanen Jerry Osters – wieder und wieder ihren Hack mit Frauen bejammern: «Sie joggte fünf Meilen vor dem Frühstück und spielte Squash nach der Arbeit. Am Wochenende machte sie Rucksacktouren, und im Sommer fuhr sie in den Himalaya zum hochalpinen Bergsteigen. Sie war Gourmet-Köchin, lizenzierte Barfrau, schneiderte ihre Sachen selbst – wenn sie wollte, denn sie war selbstverständlich Weltklasse im Shopping; sie hatte einen schwarzen Gürtel (Karate), ein Jura-Diplom (Harvard), promovierte gerade in Hochenergiephysik in Princeton, und in romanischer Philologie (Sorbonne). Und sie war auch de facto keine Jungfrau mehr, doch sie bevorzugte einen Vibrator, einen Orgasmotron. Barnes kannte ihren Typ; er hatte denselben geheiratet.»

Jerry Oster schreibt jetzt leichter, schneller und ironischer. Stärker als bisher vermittelt sich das Tempo, der Rap der Millionenstadt New York. Er hat – auf Filme übertragen – mit Schwarzweiß angefangen, eine kleine Geschichte erzählt, dann nahezu klassische Detectives eingeführt, the good and the ugly cop, seinen «Jake» Neuman zum crash gebracht, in Dolby-Stereo-Ton, eine Madonna/Dimanche-Story abspult, ein Marathonlauf durch Manhattan, Lotto-Fieber und raffinierte Luder, mit Miami-Vice-Versatzstücken gearbeitet, und präsentiert nun Video-Clips, gekonnt geschnitten, dem Thema entsprechend in vielen ausgelegten Linien Koks. That's it. Ein sympathisch lächelnder New Yorker, der keine spektakuläre Biographie vorweisen kann, aber aufregende Romane schreibt.

SPEZIALITÄTEN AUS HARLEM

Unterwegs mit Grave Digger
und Coffin Ed Johnson

Harlem soll glitzern. Der Stadtteil, vor dem New-York-Besucher noch immer gewarnt werden, ist in Aufbruchstimmung. Es wird gebaut, renoviert. Neue Neonschilder signalisieren die allmähliche Veränderung. Am Nordende des Central Park wird ein gigantischer Restaurantkomplex entstehen. Über eine Strecke von zehn Blocks ist entlang am Hudson River ein riesiges Kulturzentrum geplant, das Theater, Jazzclubs und Geschäfte beherbergen soll. Neben dem legendären Apollo-Theater in der 125. Straße wird ein Tower

hochgezogen, und ein weiterer vierzigstöckiger Glasturm soll Regierungsbüros, Handelsvertre-
tungen von Entwicklungsländern und afroamerikanischen Unternehmen Raum geben. «Das
International Trade Center wird die Wirtschaftszentrale der Dritten Welt.» Das prophezeit
Eugene Webb, ein millionenschwerer Immobilienmakler, Aufsichtsratsmitglied bei Banken und
Versicherungen und Duzfreund einflußreicher Politiker. Der Mann Mitte Sechzig wird als
Donald Trump von Harlem bezeichnet, ist der «schwarze Tycoon». Eine Person, die auch bei
Chester Himes hätte agieren können.

Der 1909 im amerikanischen Süden geborene und 1984 in Frankreich gestorbene farbige
Autor hat Ende der fünfziger Jahre damit begonnen, Harlem zum Schauplatz seiner Romane zu
machen. In neun Kriminalromanen erzählte er von dem Stadtteil, in dem man «ganz schön
schwarz sein muß, um da zu leben».

Er schrieb: «Wenn man von dem Turm der Riverside Cathedral nach Osten blickt, erstrecken sich tief unten in einem Tal Wogen grauer Dächer, die aus der Ferne wie die Oberfläche eines Sees wirken. Unter der Oberfläche, in den trüben Wassern stinkender Wohnungen, zuckt eine Stadt schwarzer Menschen in verzweifeltem Lebensdrang wie das gefräßige Schnappen Millionen hungriger kannibalischer Fische. Blinde Mäuler fressen an ihrem eigenen Gedärm. Wer eine Hand hineinstreckt, zieht nur einen Stumpf hinaus. Je weiter es nach Osten geht, um so schwärzer wird es. Der Ostteil, von der Seventh Avenue bis zum Harlem River, wird The Valley, das Tal genannt. Von wimmelndem Leben erfüllte Wohnhäuser reihen sich in Elend und Schmutz aneinander. Ratten und Kakerlaken stehen mit räudigen Hunden und Katzen im Wettkampf um die von Menschen abgenagten Knochen. Das ist Harlem.»

Das ist der Schauplatz seiner Geschichten.

Chester Himes' Roman-Zyklus beginnt mit dem Wunsch eines untersetzten, fetten schwarzen Mannes, für fünfzehn Hunderter fünfzehn Tausender zu bekommen. Denn Geld allein macht das Leben in dem Getto einigermaßen erträglich. Der fette Mann setzt sein gesamtes Erspartes ein. Er heißt Jackson und arbeitet bei einem Leichenbestatter: «Jackson beobachtete gespannt, wie Hank jede Note sorgfältig in ein Blatt chemisches Papier einrollte, die Rolle dann in eine Papphöhre in der Form eines Knallfroschs schob und die Röhren in dem Backofen des neuen Gasherdes stapelte... ‹Jetzt mach ich einen reichen Mann aus dir, Jackson.› – ‹Gedankt sei dem Herrn! Amen›, sagte Jackson und bekreuzigte sich. Er war kein Katholik. Er war Baptist, Mitglied der Ersten Baptistenkirche von Harlem. Er war ein sehr religiöser junger Mann. Immer wenn er Befürchtungen bekam, bekreuzigte er sich, nur um sicherzugehen.» Natürlich hilft ihm das nichts. Der Gasherd explodiert. Jacksons Einsatz ist futsch. Er ist Trickbetrügern auf den Leim gegangen. Bereits auf den ersten drei Seiten gelingt es Chester Himes, das gesamte Spektrum Harlems und seiner Bewohner deutlich zu machen. Den Traum vom großen Geld. Naivität und Gerissenheit. Religion und Tod. Komik und Tragik. Kettenreaktionen. Slapstick-Momente.

Der nun im wahrsten Sinne des Wortes «abgebrannte» Jackson wendet sich um Hilfe bittend an seinen Bruder Goldy, der als Barmherzige Schwester verkleidet mit einer Sammelbüchse auf den Straßen herumwatschelt: «Goldy lebte mit zwei anderen Männern beim Golden Ridge an der Convent Avenue, nördlich des City College und an der 140th Street. Sie bewohnten das Erdgeschoß eines Privathauses aus Sandstein, das in Apartments unterteilt worden war. Alle drei traten in der Öffentlichkeit als Frauen auf und lebten von ihrem Verstand. Alle drei waren fett und schwarz, was es ihnen erleichterte... Nachdem Goldy Jackson verlassen hatte, ging er nach Hause, um mit Big Cathy und Lady Gypsy zu frühstücken.»

Wenig später aber muß Goldy den tumben Bruder Jackson verstecken. In dem Verlies beköstigt er ihn mit einem großen Topf Schweinsohren, während Goldy sich selbst einen Schuß Heroin verpaßt.

Und dann tritt auch schon das Detectivpaar Coffin Ed Johnson und Grave Digger Jones in Aktion: «Im Savoy fand ein großer Ball statt, und die Leute standen auf der Lennox Avenue einen Block lang Schlange und warteten darauf, Eintrittskarten kaufen zu können.»

Coffin Ed Johnson und Grave Digger Jones haben den Auftrag, dabei für Ordnung zu sorgen: «Grave Digger stand auf der rechten Seite an der Spitze der Schlange vor dem Eingang zum

Savoy. Coffin Ed stand links von der Schlange an ihrem Ende. Grave Digger zielte mit seiner Waffe gerade nach Süden den Gehsteig hinunter. Auf der anderen Seite hielt Coffin Ed seinen Revolver gerade nach Norden gerichtet. Zwischen diesen beiden gedachten Linien war genug Platz, daß zwei Personen nebeneinander stehen konnten. Jedesmal, wenn einer aus der Schlange auswich, schrie Grave Digger: ‹Ausrichten!› Und Coffin Ed antwortete mit: ‹Abzählen!› Wenn der Übertreter sich nicht sofort wieder in die Schlange einordnete, schoß einer der beiden Detectives in die Luft. Darauf drängten sich die Paare in der Schlange dicht aneinander, als ob sie von zwei Betonmauern zusammengepreßt würden. Die Leute in Harlem waren fest davon überzeugt, Grave Digger Jones und Coffin Ed Johnson würden einen Mann mausetot schießen, wenn er nicht gerade in einer Schlange stand.»

Die beiden farbigen Männer sind in der Tat harte Burschen. Sie sind groß und gelenkig, nachlässig gekleidet und alltäglich aussehend: «Aber an ihren Dienstwaffen war nichts Alltägliches. Sie trugen speziell angefertigte, langläufige, vernickelte Revolver, Kaliber achtunddreißig... In Harlem wurde behauptet, daß Coffin Eds Revolver einen Felsen totmachen und daß Grave Diggers Revolver ihn begraben könne.»

Während nun Jackson in seinem Versteck Schweinsohren und auch den «Hüpfenden Hans» verspeist, nimmt Goldy mit den beiden Detectives Kontakt auf – und dann geht es wüst ab.

Eine kleine Kostprobe aus der Szene, in der Coffin Ed für immer «gezeichnet» wird: «Jackson, der vor Schmerz und Wut rot sah, trat Jodie gegen das Schienbein, als Jodie das Messer hob, um noch einmal nach ihm zu stechen. Imabelle sah die gehobene Messerklinge und schrie: ‹Paß auf, Daddy!› Ihr Schrei war so gellend, daß sich alle außer den beiden Detectives unwillkürlich duckten. Er kratzte sogar an den abgehärteten Nerven von Grave Digger. Sein Finger

FRÜHSTÜCK DER FETTEN SCHWESTERN

Daumendicke Scheiben gekochten Schinken backen und mit gedämpftem Okra und Mais servieren. Als Nachtisch süße Kartoffel und Muskatellerwein.

OKRA

SCHLANKE SCHOTEN DER ROSENPAPPEL.

Kommen getrocknet in den Handel und müssen 24 Stunden gewässert werden, bevor man sie zubereitet. Sie werden gewaschen und die Stiele nur so weit abgeschnitten, daß die Frucht nicht verletzt wird. Die trockene Spitze kappen, in leicht gesalzenem und mit Essig versetztem Wasser vorkochen.

SÜSSKARTOFFELN (BATATEN)

Die Kartoffeln kochen, schälen und in dicke Scheiben schneiden. Auf ein Backblech breiten und mit Ahornsirup, der mit Apfelwein, Butter und etwas Salz aufgekocht wurde, begießen und im Backofen überbacken.

EIN TOPF SCHWEINSOHREN

Die Ohren in Wurzelbrühe weich kochen und mit gedünstetem Okra füllen. Gut dazu paßt Kartoffelpüree, das mit geriebenem Meerrettich gewürzt wurde.

DER HÜPFENDE HANS

Schweinsfüße mit Wurzelzeug in leicht gesalzenem Wasser gar kochen und mit Reis und Erbsen servieren.

verkrampfte sich ungewollt um den Abzug seines Revolvers, und der Knall des Schusses machte alle in dem kleinen Raum taub. Gus war in die Feuerlinie geraten, und das Achtunddreißigergeschoß durchschlug seinen Schädel hinter dem linken Ohr und trat über dem rechten Auge wieder aus. Gus griff noch einmal nach Jackson, während er sterbend zu Boden fiel. Jackson sprang zur Seite wie ein scheuendes Pferd, und Jodie hängte sich an ihn. Jackson packte Jodies Handgelenk der Hand, die das Messer hielt, und versuchte ihn in Grave Diggers Reichweite zu stoßen, aber Jodie war stärker als er und schob seinerseits Jackson auf Grave Digger zu. Hank nützte die Verwirrung; er packte ein Glas mit Säure, das vor ihm auf dem Schreibtisch stand. Die Säure war benutzt worden, um die Reinheit des Golderzes zu beweisen, und Hank sah seine Chance, sie Coffin Ed ins Gesicht zu schütten. Imabelle bemerkte es und schrie wieder: ‹Paß auf!› Wieder duckte sich alles. Zufällig knallten Jackson und Jodie mit den Köpfen gegeneinander. Durch das Ducken kam Slim zwischen Hank und Coffin Ed, gerade als Hank die Säure ausschüttete, und Coffin Ed schoß. Ein Teil der Säure spritzte über Slims Ohr und Hals, der Rest klatschte Coffin Ed ins Gesicht. Coffin Ed schoß wild drauflos und zertrümmerte die Schreibtischlampe. Slim fuhr so heftig zurück, daß er gegen die Wand krachte. Hank ließ sich den Bruchteil einer Sekunde, bevor Coffin Ed, von der brennenden Säure und glühendweißer Wut geblendet, seinen Revolver leerte und dabei die Schreibtischlampe und die Wand dahinter mit Achtunddreißigergeschossen übersprühte, hinter den Schreibtisch fallen. Eine der Kugeln traf einen versteckten Lichtschalter und legte den Raum dunkel.»

Und damit ist die Sache längst noch nicht zu Ende.

«Action-Szenen kann kaum ein Autor mit der gleichen komischen Brutalität wie Himes schreiben», merkte Jörg Fauser in seinem Essay über Himes an. «Himes steigert die Sinnlosigkeit der Gewalt gern ins Grotesk-Makabre; aber sie ist bei ihm immer mehr als Nervenkitzel für abgestumpfte Konsumenten von Grausamkeit (obwohl er ein durchaus cooler Kalkulator und Mixer von Sex & Crime sein kann). Gerade der sinnlose Tod, der Tod aus Zufall, der so oft in den Stories auftritt und sie damit von der ‹Poesie der Gewalt›, von der noch Chandler sprach, deutlich absetzt, reflektiert die brutale gesellschaftliche Situation, die kollektive Grausamkeit, der die Bewohner Harlems unterworfen sind und die sie gegeneinander gebrauchen, um zu überleben.»

Das Harlem der fünfziger Jahre war ein «Blutiger Eimer», ein «Kohlenkasten». 770 000 Menschen bevölkerten das Viertel, in dem Verbrechen nicht *eine*, sondern *die* Möglichkeit war, sich in den erbärmlichen Verhältnissen zu behaupten. Am schlimmsten waren die Cats, Harlems Halbstarke, dran, die – um auf den Straßen akzeptiert zu werden – anfingen, Drogen zu nehmen.

Der Autor Claude Brown erinnerte sich: «Heroin hatte Harlem erobert. Es war eine Pest. Sie hatte die ganze Gemeinde erfaßt. In manchen Familien war Heroin noch schlimmer als die Pest: da hatte es jeden. Da waren vier Jungs, und es hatte alle vier. Die Junkies begingen fast alle Verbrechen in Harlem. Es war so um 1955 herum. Da wurde Heroin die Sache. Wenn ein Cat bei hellichtem Tage auf der Eighth Avenue einen 20-Dollar-Schein sehen ließ, konnte er dafür gleich kaltgemacht werden. Geldmangel hatte die meisten Familien schon vorher kaputtgemacht. Doch nun richteten Väter ihre Kanonen auf die Jungs und sagten: ‹Wenn du die Miete klaust, lege ich dich um.› Und sie meinten es auch so. Und die Cats nahmen das Küchenmesser und gingen auf ihre Väter los. Die Polizei kümmerte sich einen Dreck darum. Deshalb rutschten da so viele Leute rein. Es war wie ein Geist. Wenn die Pest dich nicht direkt traf, traf sie dich indirekt. Sie kroch in alle Häuser, in die Kirchen, die Schulen, auch in die feinen Gegenden, wo die Leute immer glaubten, Cats von der Eighth Avenue seien Dreck. Die Chicks auf der 125. verkauften Cunt dafür: Zwei-Dollar-Pussy. Eine Menge Mütter mußte erfahren, daß ihre Töchter Junkies und Prostituierte geworden waren, um ihren Bedarf decken zu können. Die meisten Cats machten es, weil sie down sein wollten. Sie rannten vor den Leuten und dem Leben weg. Plötzlich hast du keine Verpflichtungen mehr. Niemand erwartet was von dir, wenn du ein Junkie bist. Die Leute fangen höchstens an, für dich zu beten…»

In der Untätigkeit von Polizei und Behörden sah man seinerzeit mehr als eine Unterlassungssünde. Viele Schwarze vermuteten, daß das Heroin von den Weißen benutzt wurde, um das Viertel völlig zugrunde zu richten, damit es den weißen Immobilienhaien zufiele. Die Voraussetzungen, die Häuser in lukrative Wohnparadiese zu verwandeln, waren und sind verlockend. Harlem, das «Filetstück Manhattans», hat eine günstige Lage und gute Verkehrsverbindungen. Was augenblicklich in dem Stadtteil initiiert wird, zeigt, daß die Befürchtungen keine Hirngespinste waren – auch wenn es jetzt Farbige sind, die Harlem aufpeppen. «Die Kids haben hier oben keinen Platz mehr», tönt ein Rap-Promoter. «Die Szene hat sich gewandelt. Drogenkriminalität ist out. Die neue Mode heißt Bewußtsein.»

Bei Chester Himes aber ist es noch der Kampf und Tod: «Ein schwarzer Gehsteig in Harlem, dachte er; schwarze Füße und rotes Blut und ein toter Mann auf dem Pflaster… Diesmal war es zufällig ein Weißer. Meistens waren die Toten hier schwarz wie die Beine und Füße der Leute, die ihn aus der Dunkelheit anstarrten. Wie viele Menschen hatte er schon tot auf der Straße liegen sehen? Er wußte es nicht mehr; er wußte nur, daß die meisten von ihnen schwarz gewesen waren. Tot und ohne Würde, auf schmutzigen Gehsteigen. Zwischen getrockneter Spucke, geronnenem Speiseeis, Kaugummiklumpen, Zigarettenstummeln, Zeitungsfetzen, abgenagten Knochen, Hundekot und Flaschenscherben, umweht von Uringestank und Abfallgeruch… ‹Wenigstens keine gebrauchten Kondome›, sagte er laut.

‹Unsere Frauen sind Spielernaturen›, meinte Coffin Ed. ‹Sie mögen's nicht, wenn kein Risiko dabei ist.› – ‹Recht hast du›, stimmte Grave Digger zu. ‹Schau dich bloß mal um – du kannst direkt zählen, wie oft sie dabei reingefallen sind.›»

Grave Digger und Coffin Ed haben reichlich zu tun. Keine Nacht, in der nicht irgend jemand durchdreht, gehauen, gestochen und geschossen wird. Die beiden Detectives sind ständig auf Achse und stärken sich zwischendurch mit geschmorten Rippchen, panierten Schweinsfüßen und auch mal gekochten Hühnerbeinen.

«In einer kalten Nacht wie dieser hielt das Gericht im Magen ein warmes Feuer in Gang, und die zarten weißen Knorpel gaben dem Bauch eine solide Füllung.»

Andere Leute sind gezwungen, sich aus Resten ein Mahl zuzubereiten: «Sie fand ein Stück

PANIERTE SCHWEINSFÜSSE

Die gekochten Füße der Länge nach halbieren, die Knochen herauslösen und die Füße in Ei und Paniermehl wenden, mit Butter beträufeln und auf dem Rost braten.

GEKOCHTE HÜHNERBEINE

Hühnerbeine kochen und mit einem Gericht aus Reis, Okra und roten Chilischoten servieren.

Salzfleisch, einen halben Laib Weißbrot in Wachspapier und eine Flasche Sirup in der untersten Schublade. Dann öffnete sie ein Fenster und beugte sich über einen am Fensterbrett befestigten, mit Fliegengaze verkleideten Kühlkasten. Sie fand einen Topf, der mit erstarrter Maisgrütze halb gefüllt war, und eine gefrorene Dose mit kalifornischen Pfirsichschnitzeln... Bald darauf war der Raum von dem köstlichen Duft nach gebratenem Salzfleisch erfüllt. Sie schnitt die erstarrte Grütze in Scheiben und bräunte sie in heißem Fett. Er öffnete die Dose mit seinem Taschenmesser, aber ihr Inhalt war festgefroren. Er stellte sie zum Auftauen auf den Ofen.»

In Chester Himes' Romanen werden noch unzählige «Getto»-Gerichte erwähnt – Hühnermägen und Schweinehoden, Alligatorenschwänzchen und gebratene Beutelratte. Und mit Ratten schließt Himes seinen neunbändigen Streifzug durch Harlem ab – mit einem Bild düsterer Symbolik: «Die Stadtverwaltung von New York hatte den Abbruch von baufälligen Slumhäusern in dem Block auf der Nordseite der 125th Street zwischen Lennox und Seventh Avenue verfügt, und die Bewohner wußten nicht, wo sie unterkommen sollten... Die meisten Neger standen apathisch herum und sahen zu, wie die eisernen Kugeln der Abbruchkräne gegen die alten,

zerbröckelten Wände krachten… Weiter östlich, am anderen Ende des zum Abbruch verurteilten Häuserblocks, wo die Lennox Avenue die 125th Street kreuzt, standen Grave Digger und Coffin Ed auf der Straße und schossen mit ihren großen, langläufigen Revolvern nach den fetten, grauen Ratten, die aus den Häusern rannten. Jedesmal, wenn die Eisenkugel gegen eine morsche Wand krachte, kamen eine oder mehrere Ratten entrüstet auf die Straße gehuscht. Sie sahen noch wütender aus als die vertriebenen Menschen.»

In diesen Jahren nun wird erneut abgerissen und wieder einmal groß geplant. «Was sich jetzt in der 125. Straße abspielt, ist nur der Anfang einer Entwicklung, die sich über die nächsten zehn, fünfzehn Jahre erstrecken wird», sagte der «schwarze Tycoon» Eugene Webb. «Hier werden afroamerikanische Firmen zu ungeahnter Größe wachsen. Und hier werden wir unsere Kids ausbilden, damit sie einmal auf dem Weltmarkt mitmischen können.»

«Die Geldmacher von Harlem» also andere, als Chester Himes sie beschrieb, der uns aber mit seinen Kriminalromanen ein atmosphärisch dichtes und lebendiges Bild des Harlems der fünfziger und sechziger Jahre vermittelt hat.

SALZSPECK AUF REIS

Vier dicke Scheiben gerösteter Salzspeck auf einen Teller Reis, das ausgelassene Fett und Ahornsirup darübergießen.

GEBRATENE MAISGRÜTZE

Einen Topf erstarrte Maisgrütze umstülpen und die Grütze in Scheiben schneiden. Die Scheiben anbraten. Salzfleisch anbraten. Vor dem Verzehr Sirup darübergießen. Als Nachtisch Pfirsichschnetzel aus der Dose.

MEIN NAME IST SPENSER

. . . .

Ich würde Sie gern zum
Mittagessen einladen

Robert B. Parkers Privatdetektiv
aus Boston

. . . .

Robert B. Parker arbeitet professionell. Er schreibt täglich seine drei oder vier Seiten. Wenn der gesetzte Abgabetermin für das Manuskript eng wird, sind es auch schon mal fünf oder mehr. Er ist ein gewissenhafter Mensch. Ein solider Schreiber, der sich selbst diszipliniert. Seine Biographie ist entsprechend geradlinig. Am 17. September 1932 wird er als Sohn eines Angestellten der Telefongesellschaft in Springfield, Massachusetts, geboren, studiert in Waterville, Maine, und absolviert seinen Wehrdienst von 1954 bis 1956 in Korea. Er heiratet, macht 1957 in Boston seinen Magister in Englisch und versucht sich danach im Management und in der Werbung. Dann aber geht er an die Uni zurück, unterrichtet bis 1979 und schließt während der Zeit seine Dissertation in Englisch ab. Sie trägt den Titel «The Violent Hero, Wilderness Heritage and Urban Reality: A Study of the Private Eye in the Novels of Dashiell Hammett, Raymond Chandler and Ross Mcdonald». Damit zementiert er zugleich sein zukünftiges literarisches Programm. Seit 1973 schreibt Robert B. Parker fast ausschließlich Kriminalromane. Inzwischen ist er so weit, daß jüngere Autoren ihn gelegentlich zitieren. Auch ironisch, wie Lawrence Block: «Um halb sechs legte ich das Buch hin, in dem ich gelesen hatte, und begann, die Kunden aus dem Laden zu scheuchen. Das Buch war von Robert B. Parker, sein Held ein Privatdetektiv namens Spenser, der den fehlenden Vornamen wettmachte, indem er sich entsetzlich physisch gab. Alle zwei Kapitel joggte er in Boston herum, stemmte Gewichte oder fand eine andere Beschäftigung, die Herzanfall oder Leistenbruch heraufbeschwört. Ich fand schon die bloße Lektüre erschöpfend.» Nun, dem ist natürlich nicht so. Mit Spenser hat der Privatdetektivroman zweifellos eine neue, interessante Facette bekommen.

Parker ist zum Beispiel Hobbykoch, und bei allen seinen Fällen spielt Essen eine große Rolle. «Mein Name ist Spenser. Ich würde Sie gern zum Mittagessen einladen», stellt er sich gleich im ersten Buch einer jungen Studentin vor. Und die Frau läßt sich dann auch zu einem Corned-beef-Sandwich überreden.

Die Geschichte spielt im Umfeld der Bostoner Universität. Aus der Bibliothek ist ein wertvolles Manuskript entwendet worden – «The Godwolf Manuscript». Der vornamenlose Spenser übernimmt den Auftrag, es wiederzubeschaffen, und geht nüchtern und lakonisch ans Werk. Ein typischer Dialog: «‹Der Anrufer behauptet, im Besitz des Manuskripts zu sein. Seine Organisation fordere 100 000 Dollar Lösegeld.› – ‹Warum gehen Sie nicht darauf ein?› – ‹Wir haben keine 100 000 Dollar, Mr. Spenser.› Ich sah mich um. ‹Vielleicht können Sie einen Teil des Zimmers als Parkplatz vermieten›, schlug ich vor.» Das erinnert an die großen Vorbilder Parkers, an Marlowe und Hammett. Auch an Macdonald. Doch Parker läßt seinen Helden in den ersten Büchern wesentlich kritischer sein. Sein Blick auf die neuenglische Stadt Boston ist gnadenlos. Er nimmt die schmutzigen Tricks der Stadtsanierer wahr, reflektiert über Immobilienspekulation und Mietwucher ebenso wie über organisierte Kriminalität und deren Folgen. Bei sich zu Hause schaltet er nur für kurze Zeit ab – wenn er am Herd steht und sich was brutzelt.

Im zweiten Buch «Kevins Weg ins andere Leben» konfrontiert Parker ihn mit einer Frau, die ihm fortan zur Seite stehen wird. Doch erst noch «absolvierte ich wie immer meinen Dauerlauf am Ufer des Charles River. Vom Esplanade bis zur Boston University Bridge waren es zwei Meilen, und ich hatte den Ehrgeiz, die gesamte Strecke von meiner Wohnung an der Marlborough Street, dann am Fluß entlang und zurück in vierzig Minuten zu schaffen.» Bevor er aufbricht, füllt er die Kaffeemaschine und schaltet sie ein. Bei seiner Rückkehr gönnt er sich dann ein ordentliches Frühstück.

«Während Steak und Tomaten in der Pfanne brutzelten, trank ich meine erste Tasse Kaffee, wie immer mit zwei Stückchen Zucker und etwas Sahne.»

Dazu ißt Spenser eine Portion frischer Brombeeren und macht sich danach an das Steak und die Tomaten.

Erst abends hat er das gravierende Date. «‹Hier ist Spenser. Vielleicht erinnern Sie sich – stattliche Erscheinung, hellblaue Augen, energisches Kinn, weißer Regenmantel, der mich größer erscheinen läßt.› – ‹Ach, der Spenser.›

‹Ja, der›, antwortete ich. ‹Ich weiß, es ist schon spät, aber ich wollte gerade panierte Schweinelendchen zubereiten und würde gern das bescheidene Mahl mit Ihnen teilen. Dabei könnten wir uns über Kevin Bartlett unterhalten.› Sie antwortete nicht.

‹Ich bin begeisterter Hobbykoch›, fuhr ich deshalb fort. ‹Als Detektiv tauge ich nicht viel, im Aufspüren von Entführern bin ich eine Null, aber vom Kochen verstehe ich etwas.›»

Während der Zubereitung trinkt er Amstel-Bier, seine liebste Marke. Er pinselt das Fleisch mit Öl ein, wälzt es in einer Mischung aus Thymian, schwarzem Pfeffer und Dill, paniert es und

CORNED-BEEF-TOAST

4 SCHEIBEN TOASTBROT, 20 G BUTTER, 4 SCHEIBEN CORNED BEEF (JE 1 CM DICK), 4 TOMATEN, 4 KLEINE GEWÜRZGURKEN, 2 EL GERIEBENER SCHWEIZER KÄSE, 1 EL SEMMELBRÖSEL, 20 G BUTTER.

Toast mit Butter bestreichen, je 1 Scheibe Corned beef auflegen. Tomaten und Gurken in Scheiben schneiden, auf das Corned beef verteilen. Käse mit Semmelbrösel mischen und Toast damit bestreuen. Butterflöckchen aufsetzen und den Toast für 10 – 15 Minuten bei 200 Grad in den Ofen schieben. Mit Salatblättern und Petersilie garnieren.

WÜRSTE MIT APFELSCHEIBEN

Sechs kleine, fette Bratwürste braten. Einen grünen Apfel schälen und entkernen, in dicke Scheiben schneiden und die Scheiben in Mehl wälzen. Im Bratfett backen.

RUNNINGMAN BREAKFAST

Zwei Eßlöffel Olivenöl in einer Grillpfanne erhitzen. Zwei mittelgroße, grüne Tomaten in Scheiben schneiden, mit Pfeffer, Salz und Rosmarin bestreuen, in einer Handvoll Mehl wenden.

PANIERTE
SCHWEINELENDCHEN
•••••••••••••••••••••••••••••••

ER HEIZT DEN HERD VOR – AUF 225 GRAD –, NIMMT DAS FLEISCH AUS DEM TIEFKÜHLFACH UND STELLT SICH DIE ZUTATEN ZURECHT: TYMIAN, SCHWARZER PFEFFER, DILL, OLIVENÖL, PANIERMEHL, 3 GRÜNE ÄPFEL, EINIGE KAROTTEN, 2 ROTE ZWIEBELN, BUTTER, 1 FLASCHE APFELMOST, 2 GROSSE TOMATEN, SALATBLÄTTER, ZUCKER.

schiebt es in den Herd, aufs Blech. Dann schält er die Äpfel, Karotten und roten Zwiebeln, hackt sie fein und dünstet sie in Butter. Zum Schluß fügt er eine Tasse Apfelmost hinzu, läßt das Ganze aufkochen, und seine Cumberland-Sauce ist fertig. Er läßt sie auf kleiner Flamme, öffnet eine Flasche Rotwein, stellt sie in den Weinkübel, den er mit Eisstükken füllt: «Ich wußte, daß mich Weinkenner für einen Barbaren halten mußten. Aber ich war es nun mal nicht anders gewohnt und liebte den Rotwein kalt.» Es ist inzwischen gut eine Stunde vergangen. Er nimmt das Fleisch aus dem Herd, hebt den Deckel von der Gemüsekasserolle, damit die Flüssigkeit verdunsten kann, und schwenkt die Kasserolle leicht hin und her. Nach kurzer Zeit sieht der Inhalt glasig aus. Er füllt ihn in eine feuerfeste Schüssel, die er auf den Rechaud stellt. Dann schiebt er die Brote in den noch warmen Herd, schneidet die Tomaten in Scheiben, bestreut sie mit einer Prise Zucker und legt sie zusammen mit grünen Salatblättern auf die Fleischplatte. Er hat gerade Hände und Gesicht gewaschen, als die Türglocke läutet: Die Lady ist gekommen – Susan Sulverman.

Susan Silverman ist Schulpsychologin und bleibt lange mit Spenser zusammen. Es ist eine gute Beziehung, die erst in den achtziger Jahren eine Krise hat. Susan nimmt ihren Job sehr ernst, verbessert sich beruflich und verläßt Boston. «Es ist ein Vorgang, unter dem Spenser sehr leidet – und wenn er leidet, wird er bösartig; die Verbrecher haben es auszubaden. Wichtig freilich ist, daß Parker dem Detektiv zum erstenmal eine völlig gleichwertige Partnerin an die Seite gestellt hat, weder eine untergeordnete Assistentin noch ein hilfloses Opfer, um das der Held schützend seine kräftigen Arme legen muß», schreibt Jochen Schmidt in seinem Essay über Robert B. Parker.

In «Kopfpreis für neun Mörder» sind Susan und Spenser noch zusammen. Spenser muß nach England und hat bald nach seiner Ankunft Schwierigkeiten. Er ruft Susan an – aus zwei Gründen: «Der erste ist, daß ich dir lange nicht gesagt hab, wie wunderschön ich deinen herrlichen Hintern finde. Der zweite ist, daß du mir einen Gefallen tun mußt.»

Spenser braucht seinen schwarzen Freund Hawk zur Unterstützung. Hawk ersetzt gelegentlich ein gesamtes Killerkommando. Er ist «die dunkle Seite von Spenser; er ist das, was vielleicht aus Spenser geworden wäre, wenn Spenser in einer Gesellschaft groß geworden wäre, die ihn so behandelt hat, wie die Gesellschaft Hawk behandelt haben muß». Eine Auskunft von Robert B. Parker, der auch Hawk mit einigen Vorlieben ausgestattet hat: «Auf seinem Kopf thronte ein weißer Strohhut mit lila Band, den er fast bis zur Nasenwurzel über die Augen geschoben hatte. Sein Nadelstreifenanzug war dunkelblau, weißes Hemd, lila Seidenkrawatte mit Krawattennadel und passendem Taschentuch, dessen Spitzen aus seiner Brusttasche lugten. Die schwarzen, halbhohen Stiefel glänzten. Sein Koffer hatte sicher ein kleines Vermögen gekostet. Er besaß eben Stilgefühl.» Im Hotel bestellt er sich zur Einstimmung Champagner und Shrimpcocktail – zehn Krabbencocktails auf Eis.

Robert B. Parker gesteht, daß Susan und Hawk gewissermaßen aus demselben Grund mit von der Partie sind, wie Watson mit Holmes und Archie mit Nero Wolfe zusammen ist. Sie sind Spensers Absichten dienlich. Neben dem Anliegen, gute und zügig lesbare Action-Thriller zu schreiben, hat Parker aber manchmal auch das Bedürfnis, seine pädagogische Haltung zu vermitteln. Das in diesem Sinn stärkste und spannungsmäßig ärmste Buch ist «Finale im Herbst» – ein Leitfaden, einem verwöhnten und gelangweilten Jugendlichen Spaß am Leben zu vermitteln. Natürlich gehört auch zu diesem Programm eine Einführung in die Kochkunst.

«‹Ha'm Sie das gekocht?› – ‹Ja.› – ‹Woher wissen Sie denn, wie das geht?› – ‹Hab's mir beigebracht.› – ‹Und wo haben Sie das Rezept her?› – ‹Ich hab's erfunden.› Er sah mich verständnislos an. ‹Na, irgendwie halt ausgedacht. Ich hab schon eine Unmenge Sachen gegessen, und unter anderem auch in Lokalen, wo es Essen mit Soße gibt. So bin ich irgendwie drauf gekommen, wie Soßen gehen.› – ‹Kriegt man das in einem Restaurant?› – ‹Nein, ich hab's mir ausgedacht.› – ‹Ich versteh nicht, wie Sie das können.› – ‹Es ist einfach, wenn man erst weiß, daß Soßen nur auf wenige verschiedene Arten zubereitet werden. Man kocht zum Beispiel eine Flüssigkeit auf, bis sie sirupartig dick ist, dann gibt man den Rahm dazu. Was dabei herauskommt, ist im Prinzip Rahm mit Ananasgeschmack oder Rahm mit Weingeschmack. Rahm mit Biergeschmack, oder was du willst. Echt, das ginge sogar mit Cola, aber wer hätte da Appetit drauf?› – ‹Mein Vater hat nie gekocht›, sagte Paul. – ‹Meiner schon›, sagte ich. – ‹Er meinte, Mädchen würden kochen.› – ‹Halb hatte er recht›, sagte ich. – ‹Hm?› – ‹Mädchen kochen zwar, Jungen aber auch. Männer auch und Frauen auch, verstehst du? Er hatte recht.›»

Und so geht es weiter. «Es war für mich ein Mittel, sich darüber auszulassen, wie man leben kann», rechtfertigt sich Robert B. Parker.

SHRIMPCOCKTAIL

Den Boden einer Sektschale mit Kopfsalatblättern auslegen. Die Schale mit Shrimps und winzigen Champignons füllen, mit Tomatenketchup gefärbte und aromatisierte Schlagsahne darüberlöffeln und mit Eischeibe, Kaviar und Zitronenscheibe garnieren. Dazu Butter und Toast.

DINNER FÜR ZWEI

Ein paar Schweinekoteletts waren da. Ich löste das Fleisch von dem Knochen und schnitt es zurecht. Einen Fleischklopfer schien Patty Giacomin nicht zu besitzen, also klopfte ich die Schweinsmedaillons mit dem Rücken eines Fleischmessers. Ich goß ein wenig Öl in die Bratpfanne, ließ es heiß werden und legte das Fleisch zum Bräunen hinein. Ich trank den Rest meines Schlitz und öffnete eine neue Dose. Als das Fleisch angebraten war, gab ich eine Knoblauchzehe dazu und, nachdem der Knoblauch aufgeweicht war, etwas Ananassaft und bedeckte die Pfanne. Ich setzte Reis mit Hühnerbrühe, Pignolien, Thymian, Petersilie und einem Lorbeerblatt an und schob das Ganze in den Ofen. Nach etwa fünf Minuten nahm ich den Deckel von der Bratpfanne, ließ den Ananassaft verkochen, goß Sahne hinzu und ließ auch diese kurz einkochen. Danach gab ich Ananasstücke und einige Mandarinenschnitze hinein, schaltete den Herd ab und legte den Deckel auf die Pfanne, damit sie warm blieb. Dann deckte ich den Küchentisch für zwei. Ich war bei meiner vierten Dose Schlitz, als der Reis fertig war. Der halbe Kopfsalat aus dem Kühlschrank war mit einer Soße aus Essig und Öl, die ich mit Senf und zwei kleingehackten Knoblauchzehen verfeinerte, schnell angemacht.

Nach dem Erfolg seiner ersten Spenser-Romane hat er vor zwölf Jahren seinen Uni-Job geschmissen, lebt mit seiner Frau und den beiden Söhnen David und Daniel am Stadtrand von Boston. Sein Alltag ist organisiert, der Arbeitsraum immer sehr ordentlich: «Ich weiß, wo mein Werkzeug ist und alles, was ich sonst brauche. Mein Schreibtisch, mein Büro sind sehr geordnet. Unter veränderten Umständen könnte ich nur schwer arbeiten, also ist auch die Art, wie ich ans Schreiben herangehe, sehr geordnet. Ich skizziere zuerst, ich mache ein Szenario, und dann plane ich ein Kapitel.» Seine Manuskripte werden gar nicht oder nur kaum lektoriert. Sein Stammverlag gibt die Seiten in den Druck – beinahe Jahr für Jahr kommt ein neuer Spenser-Roman auf den Markt. Längst gibt es eine Fernsehserie nach Motiven der Bücher. Robert B. Parker ist ein erfolgreicher, international bekannter Autor. Ein Handwerker. «Ich schreibe nicht, wenn ich Eingebungen habe. Ich schreibe in derselben Weise, in der die Leute jeden Morgen zur Arbeit gehen. Wenn ich ein Buch zu Ende habe, beginne ich mit dem nächsten. Ich muß meinen zwei Kindern eine Ausbildung geben.» Das sagt der Mann, der auf dem offiziellen Verlagsfoto den «Eindruck eines ziemlich groben Klotzes» macht.

«Wer nicht weiß, wer es ist, möchte ihn für einen Freistilringer oder Möbelpacker halten», beschreibt Jochen Schmidt den ersten Eindruck. Doch Robert B. Parker ist «nur» ein Schreiber, der über sich und seine Arbeit sagt: «Mein Wunsch ist immer gewesen, genau in dieser Reihenfolge ein Ehemann, ein Vater und ein Schriftsteller zu sein.» Ein klar denkender, routinierter Autor, der mit seinem Spenser den Durchbruch geschafft hat.

NENNEN SIE MICH DOC

. . . .

Der Schnüffelnde
Kieferchirurg des Rick Boyer

. . . .

«Ich habe ein kleines Ferienhaus in der Nähe von Eastham, Massachusetts», erzählt Charles Adams – eigentlich Dr. Charles Adams. Aber alle, die gut mit ihm können, nennen ihn Doc.

Doc Adams ist Kieferchirurg, eine Mischung aus Chirurg und Zahnarzt. Das heißt, er zieht Zähne und führt allgemeine sowie kosmetische Operationen an Untergesicht und Kiefer durch. So jedenfalls erklärt er es gelegentlich. Seine Kate liegt auf einer Anhöhe über dem Billingsgate-Sund. Das stumpfe, kalte Grau der verwitterten Zedernholzschindeln verrät nichts von der Gemütlichkeit der Räume. Die Zimmer haben niedrige Balkendecken und sind geschmackvoll eingerichtet. Im Wohnzimmer gibt es eine Bücherecke. Dort verbringt Doc Stunden um Stunden unter dem grünen Glasschirm der Bibliothekslampe aus Messing, liest oder lauscht dem Tosen der Brandung, denkt nach. Bei Ebbe hat er von der Terrasse aus einen weiten Blick über die endlose Fläche des Wattenmeeres. Die Möwen staksen im Schlick herum und picken nach winzigen Einsiedlerkrebsen. Doc wandert oft ins Watt hinaus und sammelt Messer- und Kammuscheln.

«Das hat etwas Elementares, Prähistorisches an sich», sagt er. «Ebenso wie Sex berührt es mich, ohne von der Zivilisation gefiltert zu sein. Es ist animalisch.»

Er nimmt dann einen Eimer, die Grabgabel und einen altmodischen Blechsalzstreuer. Die eiförmigen Dellen im Sand bestreut er mit Salz und wartet, bis die langgestreckten, rechteckigen Geschöpfe aus diesen Dellen heraufgeschossen kommen und ihre zarten Schalen zur Hälfte in die Luft strecken. Manchmal tauchen sie in entgegengesetzter Richtung ab, und dann muß er mit seiner Gabel nach ihnen graben. In weniger als einer Stunde hat er seinen Eimer gefüllt. Er stellt ihn auf der Veranda des Hauses in den Schatten und macht drei Saunagänge. Nach einer letzten Dusche rubbelt er sich ab, zieht bequeme Kleidung an und bereitet in der Küche ein Ragout zu.

Charles Adams kocht gern. Und er hat auch einen gesunden Appetit. Natürlich hält er sich in Form. Wenn er draußen am Meer ist, läuft er täglich seine sechs Meilen. Vom Cottage die

MUSCHELRAGOUT MIT SPARGEL UND MAISKOLBEN

. . . .

Frische Muscheln. Sie müssen fest geschlossen sein. Unter fließendem Wasser kräftig abbürsten, 20 Minuten in kaltes Salzwasser legen, damit sie Sand- und Schmutzstoffe absondern. Sie nochmals kurz abbrausen und abtropfen lassen. 5 L Wasser mit 5 TL Salz, einem EL Kümmel, einem Bund Dill und einem Bund Suppengrün aufkochen, die Muscheln in den Sud geben und ca. 8 Minuten garen lassen, bis sie sich geöffnet haben. Das Muschelfleisch herauspulen, in einer Kasserolle in reichlich Butter dünsten. In kleine Würfel geschnittene Kartoffeln, kleingehackte Zwiebeln, zerstoßenen Pfeffer, Sellerie, Milch und reichlich Sud hinzugeben. Doc Adams fügt auch noch ein paar Maisreste und gewürfelten Kochschinken bei. Auf kleiner Flamme köcheln und zu frischem Spargel mit gezuckerten und gebutterten heißen Maiskolben servieren.

EIER MIT GEBRATENEM SPECK UND BÜCKLINGEN

• •

Auf gebuttertem Toast zwei verlorene Eier. Dunkles Brot und einige Scheiben gebratener Frühstücksspeck. 3 Bücklinge, gut mit Zitrone beträufelt.

Sunken Meadow Road entlang bis zur Hauptstraße, weiter zur alten Windmühle, der Landmarke von Eastham, und am Strand zurück. Er ißt in der Regel nicht zu Mittag, aber es kommt gelegentlich vor, daß er sich ein zweites Frühstück gönnt.

Doc Adams ist 47 Jahre alt, als er seinen ersten Fall zu lösen hat. «Die interessanteste Operation der letzten Zeit», sagt er ein wenig bitter. «Sie verlief rasch, spontan und ohne Zuhilfenahme chirurgischer Instrumente und Betäubungsmittel.»

Er hatte einen menschlichen Schädel entzweigeteilt, genau durch die Mitte. Mit Absicht. Die Operation war ein Erfolg, der Patient starb. «Hören Sie», erklärt er. «Es war nicht so, daß ich darum gebeten hätte. Es begann alles damit, daß ich in jenem Spätsommer hier draußen – nun ja, an Depressionen litt. Ich konnte nachts nicht richtig schlafen und stand frühmorgens auf der Terrasse unserer Kate und starrte hinaus über die Bucht von Cape Cod.»

So fing die Geschichte an, in der Doc Adams Waffenschmugglern auf die Spur kam, und das nur, weil er sich für ein gestrandetes Boot interessierte. Bei seinen Nachforschungen wurde er von einem Mopedfahrer angefahren, mußte seine linke Hand in Gips legen lassen und war acht Wochen arbeitsunfähig. Zeit genug also, weiter herumzuschnüffeln und immer tiefer verstrickt zu werden. Seine Frau Mary hat das alles nicht gern gesehen. Sie ist eine attraktive und resolute Calabreserin, arbeitet als Krankenschwester und töpfert in ihrer Freizeit. Doc liebt sie und hört auch meistens auf sie. Aber manchmal ist eben seine Neugierde stärker. Da können dann weder Mary noch gute Freunde ihm eindringlich raten, die Finger von der Sache zu lassen.

BARSCHFILETS, GEGRILLT

• •

Große Quadrate Grillfolie mit Fett bestreichen. Die Filets darauflegen, mit dünnen Zitronenscheiben und reichlich Butter bedecken. Paprika, feingeschnittene Schalotten und Fischkräuter darüberstreuen. Die Folie einfalten und vor dem endgültigen Verschließen einen großzügigen Schuß Chablis und ein wenig feingehackten Schnittlauch hinzu. Auf den Holzkohlengrill, und nach zehn Minuten mit einem Zahnstocher mehrere Löcher in die Folie stoßen.

Bei einem gemeinsamen Grillabend wurde fast ausschließlich über Docs Ermittlungen geredet.

Die Geschichte endete mit einem Kampf auf Leben und Tod. Doc Adams zuckt entschuldigend die Achseln. Er hat es so nicht gewollt. «Aber man kann es nicht aufhalten», sagt er und wird ein wenig philosophisch. «Das Große Walten geht immer weiter, es hält für niemanden inne.» Und so glaubt er, sich kurz darauf wieder einmischen zu müssen. Dabei allerdings hatte er die Unterstützung seines Schwagers Joe – Detective Lieutenant Joseph Brindelli.

Wie schon der erste Fall nahm auch dieser gleich nach einem Essen seinen Lauf.

Doc Adams erwartete in seinem Haus in Concord, in der Nähe von Boston, ein künstliches Gebiß, und als es nicht eintraf, machte er sich mit Joe auf die Suche nach dem Boten. Sie fanden ihn in seiner Wohnung, tot, samt seinen zwei Wachhunden. Ermordet mit einer Giftgasbombe.

Der einzige Hinweis auf den oder die Täter waren zwei abgebissene Finger im Maul eines der Hunde.

«Sehen Sie», sagt Doc. «Es stellte sich dann nach und nach heraus, daß der Mord etwas mit einer wirklich alten Geschichte zu tun hatte, mit den beiden Italienern Sacco und Vanzetti.»

Docs diesbezügliche Nachforschungen zogen sich lange hin, und die jeweiligen Ergebnisse wurden immer wieder abends beim Essen diskutiert.

Doc Adams lebt gut. Er hat eigentlich alles, wovon viele andere nur träumen. Seine Praxis bringt ihm reichlich Geld. Er bewohnt mit Mary ein großes, prächtiges Ziegelhaus an der Old Stone Mill Road und besitzt die Kate am Meer. Mary hat einen Teil des seitlichen Hofes durch eine begehbare Laube begrenzt. Die Hauswand dort ist mit ein paar Florentiner Kacheln und einem Wandspringbrunnen aus Bronze verziert. Es gibt lombardische Pappeln, Birken, wildes Immergrün. Im Garten einen Teich und ein kleines Teehaus. Die Adams haben zwei erwachsene Söhne, die nicht mehr bei ihnen wohnen und ihnen auch keine Sorgen machen. Es ist also rundum alles bestens. Doc hört abends und an den Wochenenden gern Jazz und Klassik, liest und entspannt sich. Sein Verhältnis zu Mary ist weitgehend ungetrübt. Warum dann eigentlich ständig dieses Hineinmanövrieren in irgendeinen Schlamassel? Waffenschmuggel. Mafia. Blutige Auseinandersetzung einiger Vietnam-Veteranen. Doc weiß die Antwort, aber es fällt ihm schwer, sie zu geben. Er will sich nicht eingestehen, daß ihn der Wohlstand und die häusliche Idylle im Grunde langweilen, daß er den alten Pioniertraum träumt, daß er unterwegs sein, Abenteuer und Action haben will.

KALBSSCHNITZEL MIT AUBERGINEN

Joe streut eine Handvoll grobes Maismehl auf den Hackblock und bearbeitet darauf die Schnitzel mit einem Holzklopfer, bis sie beinahe hauchdünn sind. Doc schneidet währenddessen die Auberginen in halbzentimeterdicke Scheiben, breitet sie auf einem sauberen Küchentuch aus und deckt sie mit einem zweiten Tuch ab. Er beschwert das Ganze mit einem Backblech und einer Gußeisenpfanne. «So werden sie ausgequetscht und sind nicht mehr so wäßrig und saugen das Olivenöl besser auf.» Er gießt Olivenöl zu einer zerdrückten Knoblauchzehe in die Pfanne, gibt ein paar gehackte Zwiebeln dazu und läßt alles auf mittlerer Hitze dünsten. Joe zieht die Schnitzel durch Mehl und tunkt sie in eine bereits vorbereitete Mischung aus Eiern, Milch und einem Spritzer Weißwein, gewürzt mit Pfeffer und Salz. Dann wendet er sie in Paniermehl und Parmesankäse. Die Auberginen in Ei und Mehl wenden. Schnitzel und Auberginen in der Pfanne leicht anbräunen und herausnehmen. In einer Auflaufform Schnitzel und Auberginen übereinanderstapeln – zwischen jede Lage eine dünne Schicht Parmesan. Die Stapel mit Käse bestreuen und reichlich Tomatensauce dazugeben. Im Ofen bei großer Hitze 20 Minuten überbacken.

ANTIPASTO

Einen großen Teller mit Tomaten- und Gurkenscheiben umlegen. In die Mitte einige Salatblätter. Ein Stück weißes Thunfischfleisch. Einige halbscharfe Peperoni. Schwarze Oliven. Ein Brocken Schafskäse. Einige dünne Scheiben Salami und Parmaschinken. Mit Anchovisfilets garnieren. Dazu marinierte Auberginen und Artischockenböden. Tomaten mit frischem Basilikum bestreuen, mit Salz und grobem, schwarzem Pfeffer würzen und Olivenöl, Essig und einige Tropfen Zitrone hinzugeben.

RIBEYE-STEAK IM FREIEN

Doc ist mit einem Wohnmobil unterwegs. Er hat einen Platz für die Nacht gefunden, macht ein Lagerfeuer. Auf dem Herd im Wagen setzt er zwei Kartoffeln auf und nimmt einen ordentlichen Drink. Allmählich werden die Kartoffeln gar, das Feuer draußen ist heruntergebrannt und entwickelt eine prächtige Glut. Doc mischt in einer kleinen Schüssel zwei gleiche Teile Hüttenkäse und saure Sahne. Er gibt etwas Parmesan, Schnittlauch und eine zerdrückte Knoblauchzehe hinzu. In einer Pfanne brät er drei Streifen Speck. Dann nimmt er das Ribeye-Steak, legt es auf den Drahtrost und rückt ihn über die Glut. Als das Steak fertig ist, legt er es auf einen Teller und stellt ihn warm. Er zerreibt die Speckstreifen und streut die Brösel in eine Schüssel mit rohem Blattspinat und in Scheiben geschnittenen Champignons. Er erhitzt das Speckfett noch einmal, rührt Zucker, Weinessig, ein Ei und einen Teelöffel Senf hinein. Die Mischung läßt er heiß werden und verrührt sie, bis sie dick ist. Dann gießt er sie über den Blattspinat und hebt sie unter. Die Kartoffel schneidet er auf, gibt Butter und die Käse-Sauerrahm-Mischung darüber. Das alles kommt zu dem Steak, und er trinkt dabei eine kleine Flasche trockenen Rotwein und eine Flasche Mineralwasser.

HÜHNERBRUSTFILET

Das Hühnerbrustfilet in einer Marinade aus Olivenöl, italienischem Dressing, zwei zerdrückten Knoblauchzehen, etwas Zitronensaft und Parmesan einlegen. Auf dem Grill braten. Dazu auf der Glut gebackene Kartoffel mit Quark.

QUARK FÜR 4 KARTOFFELN

4 EL Quark mit 2 EL feingehackten Kräutern (Petersilie, Dill, Schnittlauch, Basilikum, Thymian) verrühren und mit Salz und Pfeffer würzen.

Allein um sich zu erleben, in grenzenloser Weite, auf seiner BMW über den Highway donnern, im Freien campieren. Frei sein.

«Das Motorrad, leuchtend metallicrot, stand da, wo ich es abgestellt hatte», erzählt Doc. «Es repräsentierte alles, was ich, ein am Stadtrand wohnender Freiberufler mittleren Alters, Ehemann und Familienvater, nicht tun sollte. Alles, was verboten war. Es war die Verkörperung von Rebellion, Gefahr und Freiheit. Mit einem Motorrad ist sogar eine Fahrt zum Drugstore ein Abenteuer. Wenn der Asphalt unter Ihnen verschwimmt und der Boden sich hebt, um Sie aufs Ohr zu küssen, wenn Sie sich in die Kurve legen, dann spüren Sie nichts außer dem Tempo, Kraft und einem Gefühl des Fliegens. Denn wenn man eine Zeitlang über Land gefahren ist, geschieht etwas Merkwürdiges und Wunderbares: Das Motorrad verschwindet, und nur noch man selbst ist da.»

Doc Adams lächelt ein wenig schwärmerisch in der Erinnerung an seine gelegentlichen Ausbruchsversuche. Seiner Frau Mary gegenüber spielt er sie herunter. Gibt vor, daß er einem Freund habe helfen müssen, in dessen Interesse er unterwegs war. Natürlich durchschaut ihn Mary. Wenn er reichlich angeschlagen und erschöpft wieder daheim ist, nimmt sie ihn sich vor: «Ich hoffe, dein Bedarf an Abenteuern ist gedeckt, Charlie. Ich meine endgültig.»

«Keine Sorge», sagt Doc dann. «Dieser Teil meines Lebens ist vorüber. Für immer.» Doch ein paar Monate später ist es wieder soweit. Eine neue, unheimliche und beängstigende Geschichte, und Doc Adams muß sich einfach einmischen.

In vier Fälle war er bislang verwickelt. Erzählt hat sie Rick Boyer, der auch Autor des

Sherlock-Holmes-Romans «Die Riesenratte von Sumatra» ist. Für seinen ersten Doc-Adams-Roman wurde er mit dem «Edgar» für den besten Kriminalroman des Jahres ausgezeichnet. Die Doc-Adams-Geschichten sind nicht nur äußerst spannend, sondern auch eine Fundgrube für Rezeptideen.

«Ein gutes Essen ist durch nichts zu überbieten – außer durch zuviel gutes Essen», sagt Doc und verrät noch einige seiner Lieblingsgerichte.

FRÜHSTÜCK IN DEN BERGEN

2 gebratene Schweinswürste. 2 Spiegeleier. Einige Scheiben Landschinken mit frischem Brot. Heiße Hafergrütze mit Specksauce. Biskuits mit Erdbeermarmelade.

BISKUITTEIG

75 g Zucker mit 4 Eigelb schaumig rühren. 3 steifgeschlagene Eiweiß und 75 g Mehl locker darunterziehen. Teig daumendick auf ein mit Pergament ausgelegtes Backblech streichen, im heißen Ofen 7 – 8 Minuten backen. In längliche Stücke schneiden und mit der Konfitüre bestreichen.

SCHMORRIPPEN

In eine große Kasserolle zwei Dosen Rinderbrühe, zwei große Zwiebeln in halbzolldicken Scheiben dazu. Die Rippen in einer Mischung aus Mehl und scharfem Paprika wenden, in Öl anbraten. Dann in die Brühe und den Bratenfond darübergießen. Kartoffelscheiben, Sellerie, einige Gewürze und ein Glas eingemachte Tomaten hinzu. Später noch ein Becher trockener Rotwein. Doc ißt dazu Eiernudeln.

LAMMHAXEN

Haxen in Olivenöl, Zitronensaft, Knoblauch, Wein, zerdrückten Kräutern und Minzeblättern marinieren. Dann in Öl braun braten und in einem geschlossenen Topf mit etwas Marinade schmoren. Mit Pilaw-Reis und einem griechischen Salat servieren.

CREOLE GUMBO

(FÜR 8 PERSONEN) 6 CABANOS-WÜRSTE IN ZENTIMETERDICKE SCHEIBEN SCHNEIDEN. 225 G GEKOCHTER SCHINKEN, GEWÜRFELT. EIN BIS ZU 2 KILO SCHWERES HUHN. 125 ML GRÜNER PFEFFER, 125 ML PORREE- ODER SCHALOTTENSPITZEN, 2 GROSSE ZWIEBELN, 2 EL GEHACKTE PETERSILIE, 30 G ZERSTOSSENER KNOBLAUCH, 200 ML SONNENBLUMENÖL, 125 ML MEHL, 2 LITER WASSER, 3 TL SALZ, 1 TL SCHWARZER PFEFFER, 1–2 TL CAYENNE-PFEFFER, 1 1/4 TL THYMIAN, 3 LORBEERBLÄTTER, 2 EL FILÉ-PULVER.

Das Huhn in zehn bis zwölf Teile zerkleinern, in dem Sonnenblumenöl anbraten, bis die Teile leicht gebräunt sind. Gemüse zerkleinern. Die Hühnerteile aus der Pfanne nehmen und in das Öl bei kleiner Flamme langsam das Mehl einrühren, bis die Mehlschwitze körnig und dunkelbraun wird. Grüner Pfeffer, Porree, Zwiebeln und Petersilie hinzu und fünf Minuten köcheln lassen. Dann Schinken und Würste dazu und weitere fünf Minuten braten. Danach alles in eine große Kasserolle, Wasser, Gewürze und Huhn dazu und zum Kochen bringen. Flamme kleiner stellen und bei mittlerer Hitze 50 Minuten köcheln. Ab und zu das Fett abschöpfen. Zum Schluß das Filé-Pulver hinzu und gut umrühren.

LASAGNE

GRUNDREZEPT NUDELTEIG: 400 G MEHL, 4 EIER, 1/2 TL SALZ, 1–2 EL ÖL.

Eier, Salz und Öl gut verrühren, 5 EL Mehl hinzufügen und rühren, bis ein dünner Teig entsteht. Die Masse zu dem restlichen Mehl geben. Teig und Mehl gut vermengen und kneten. In feuchtes Handtuch wickeln und 30 Minuten ruhen lassen. Teig dritteln und durch eine Nudelmaschine drehen. Teigplatten von ca. 10 × 15 cm ausschneiden. In eine gebutterte, feuerfeste Form mit einer Hackfleisch-Tomaten-Sauce schichten und mit Käse überbacken.

BOLOGNESER SAUCE

80 G DURCHWACHSENER SPECK, 1–2 ZWIEBELN,
1 MITTELGROSSE MÖHRE, 1 STÜCK SELLERIEKNOLLE,
4 EL BUTTER, 300 G HACKFLEISCH, 2 EL TOMATENMARK,
1/2 TASSE FLEISCHBRÜHE, 1 TASSE ROTWEIN, PFEFFER,
1/2 LORBEERBLATT, FRISCH GERIEBENER MUSKAT, 1/8 L SAHNE.

Speck auslassen, kleingewürfelte Zwiebeln, gewürfelte Möhre
und Sellerie hinzu und bei mittlerer Hitze 2 Minuten anbraten.
Butter und Hackfleisch dazu und verrühren. Tomatenmark,
Fleischbrühe, Rotwein und Gewürze zugeben und bei kleiner
Hitze ohne Deckel 1 Stunde schmoren lassen. Mit Pfeffer und
Muskat abschmecken und mit der Sahne binden.

BLAUSCHIMMELKÄSE-DRESSING

Zwiebeln, Kapern, schwarzer Gewürzpfeffer und einen Spritzer
weißen Essig mit Käse und Öl im Mixer gemischt, dann
Mayonnaise und weiteren zerbröselten Blauschimmelkäse
hinzu.

DOCS SPECIAL-DRESSING

Ein paar Eier hart kochen. 1 Dose Anchovis. Öl abtropfen
lassen. Die Anchovis mit etwas Pflanzenöl in den Mixer und
pürieren. Eier und zwei gehäufte Teelöffel Kapern hinzu, ein
Spritzer Worcestersauce, etwas Dijon-Senf, schwarzer Pfeffer
und der Saft einer Zitrone. Maschine wieder einschalten. In den
Mahlstrom eine halbe Tasse Olivenöl.

PIZZA

● ●

GRUNDREZEPT FÜR TEIG: 200 G MEHL,
30 G SCHWEINESCHMALZ, 10 G HEFE IN ETWAS WASSER
GELÖST, 1 PRISE SALZ UND ZUCKER — MIT LAUWARMEM
WASSER ZU EINEM NICHT ZU FESTEN TEIG VERARBEITEN
UND AUFGEHEN LASSEN. DEN TEIG ETWA 1/2 CM DICK
AUSWALKEN UND AUF EIN RUNDES, GEÖLTES BACKBLECH
BREITEN.

Doc Adams bevorzugt als Belag Peperoni, Anchovis, Pilze,
grüne Paprikaschoten in Streifen, zerbröselten Mozzarella.

NACH DURCHZECHTER NACHT

● ●

1 Bloody Mary. Eine Tasse starker Kaffee. Ein Saunagang.
Kalte Dusche. Noch ein Saunagang. Wieder Dusche.
Eine weitere Tasse Kaffee. Räucherlachs auf Toast.
Zwiebelbrötchen mit Frischkäse. Tomaten.
Dazu klassische Musik hören.
7 Kilometer laufen.

IN DEN WÄLDERN VON BAPTIST'S FIRE

•••••••••••••••••••••••••••••

Hardcare und andere Profis
bitten zu Tisch

•••••••••••••••••••••••••••••

Eine Fünfzehnjährige erzählt, wie Hardcare nach Baptist's Fire kommt: «Zwischen der niedrigen Steinbrücke und Pas Tankstelle befindet sich nichts als Straße, und ein Grasstreifen und ein paar Bäume. Es fiel ein feiner Nieselregen, als Hardcare einen alten Volkswagen 1300 um diese Kurve schob. Ich sehe ihn noch vor mir, wie er um die Straßenbiegung gelaufen oder besser gekrochen kam. Schräg vorgebeugt, drückte er den ramponierten VW voran und kämpfte mit den Füßen um Halt auf dem fettglänzenden, schwarzen Asphalt. Er hatte die rechte Hand am Steuer, die rechte Schulter gegen den Fensterrahmen gepreßt, und schob den kleinen Wagen in unsere Richtung.»

Noch weiß sie nichts von dem Mann, auf dessen Gesicht «eine undefinierbare, tiefe Freudlosigkeit» lag. Aber sie verspürt eine Kälte, die nichts mit dem Wetter zu tun hat. Wenig später entdeckt sie unter seinen Sachen eine abgesägte Schrotflinte. Hardcare ist von ihrem Pa im Haus einquartiert worden und wartet auf die Beschaffung einiger Ersatzteile für seinen Wagen. Die beiden Männer lassen sich von Lou – so heißt das Mädchen – beköstigen. Sie kocht ein Lieblingsgericht ihrer verstorbenen Ma.

Das gemeinsame Essen ist einer der wenigen ruhigen Momente in dem Buch «Die Vergeltung des Fremden». Der Autor William Wingate hat mit Hardcare einen Mann eingeführt, der gnadenlos in dem kleinen Städtchen aufräumt. Dort nämlich hat sich ein aus New York vertriebener Mafiaboß mit seinen Killern eingenistet, terrorisiert die Einwohner und macht die junge Lou zu seiner Geliebten. Hardcare befreit sie aus diesem für sie erniedrigenden Verhältnis: «Es ist das schrecklichste Bild von Hardcare, das ich in Erinnerung habe. Er steckte in einem grünlichen Kampfanzug – hellgrüne und dunkelgrüne und bräunliche Tarnflecke auf dem Stoff –, und er trug ein Käppi und dunkelbraune Springerstiefel. Die Schrotladung traf Mr. Cam, als er von der Wand abprallte, und schleuderte ihn ein letztes Mal gegen das Holz. Hardcare

GEBRATENES HÜHNCHEN

•••••••••••••••••••••••••••••

Das ausgenommene Huhn waschen, abtropfen lassen und trockentupfen. Flügel und Schenkel zusammenbinden = dressieren. Es gibt dafür mehrere Methoden. In Ihren Kochbüchern finden Sie die entsprechenden Anleitungen. Das Huhn mit Salz würzen. Im Bratentopf 2 EL Öl erhitzen. Das Brathuhn von allen Seiten goldbraun werden lassen. In den auf 225 Grad vorgeheizten Backofen stellen und ca. 15 Minuten braten. Es ab und zu mit dem Bratensatz beträufeln. Temperatur auf 200 Grad zurückschalten und weitere 30 Minuten braten lassen. In der Zeit vier grüne Bananen in Streifen schneiden und in Butter backen. 2 große Tomaten vierteln und dünsten. Inhalt einer kleinen Dose Mais in Butter schmoren. 1 große Essiggurke in lange Streifen schneiden. Das gebratene Huhn mit diesen Beilagen servieren. Dazu Dosenbier, und als Dessert Götterspeise mit frischem Obst.

wandte seinen Blick zu mir, und eine winzige Ewigkeit standen wir Auge in Auge. Täuschte ich mich, oder lächelte er wirklich?» Sie hat keine Gelegenheit mehr, mit ihm zu reden. Hardcare verschwindet in den Wäldern von Baptist's Fire, und sie sieht ihn nie wieder.

Das Buch ist ein Action-Thriller der Sonderklasse, überraschend in der Entwicklung von Lou, die von Hardcare als Frau wahrgenommen werden will und sich von dem Mafiaboß verführen läßt, um ihn zu provozieren.

In den Wäldern, den Wäldern Kaliforniens, endet auch die Geschichte der in England leben- den Amerikanerin Paula Gosling. Die Autorin beweist mit «Töten ist ein einsames Geschäft», daß harte Action und knappe Dialoge nicht allein die Domäne männlicher Kollegen sind. Die Story ist so simpel wie faszinierend und konzentriert sich auf drei Personen: eine Frau zwischen zwei Männern. Der eine will sie töten, der andere soll sie schützen. Der Killer und der Bulle also, wobei hier nicht das Modell Gut-Böse bemüht wird. Die Grenzen verwischen sich schnell, der Lieutenant ist ein ebenso paranoider Typ wie sein Gegner.

Er, der Killer, kommt von seiner «Arbeit» zurück nach Hause: «Den Koffer stellte er beiseite, er würde später auspacken. Jetzt hatte er zunächst einmal Hunger und beschloß zu frühstücken, obwohl es schon weit nach Mittag war, fast halb zwei. Als Schinken, Würstchen, Eier, Bratkar- toffeln und Tomatenscheiben in geschmackvoller Anordnung auf seinem Teller lagen, ging er damit in sein Arbeitszimmer, lehnte sich behaglich zurück und ließ es sich schmecken, während er las. Er hatte die Zeitungen in chronologischer Reihenfolge sortiert und konsumierte ein Ei, zwei Streifen Schinken, eine halbe Tomate und ein Würstchen, ehe ihm der Appetit verging. Sieg der Polizei bei Schießerei in Kalifornien, lautete die Schlagzeile auf der zweiten Seite der ‹Times›. Darunter brachte das Blatt eine unscharfe Totenmaske, die völlig austauschbar war, und ein Foto von Clare Randell und einem Polizisten, die Seite an Seite in die Kamera grinsten. Während Wut und ein Bissen Frühstück ihm in der Kehle würgten, erfuhr er von seinem Tod.»

KILLER-FRÜHSTÜCK

•••••••••••••••••••••••••••••••••••

**2 SPIEGELEIER, 4 SCHEIBEN GEBRATENER
FRÜHSTÜCKSSPECK, 4 GEBRATENE COCKTAILWÜRSTCHEN,
2 IN SCHEIBEN GESCHNITTENE TOMATEN,
BRATKARTOFFELN MIT SPECKWÜRFELN UND MAJORAN.**

Der Polizist auf dem Foto, Lieutenant Malchek, war seinerzeit als Heckenschütze in Vietnam eingesetzt und hat seine Macke weg. Er ist ein Psychokrüppel, der, von Malariaanfällen geschüt- telt, beim spektakulären Showdown zum Tier wird. Und auch die anfangs sympathisch-klare Clare wird im Verlauf der Handlung mehr als einmal vom Wahnsinn gestreift, sieht sich umge- ben von Irren, die letztlich nur kämpfen um des Kampfes willen.

Es ist eine straff erzählte Story, die an einem heißen Wochenende in San Francisco beginnt und bei Regen und Sturm knallhart abgeschlossen wird: «Flucht und Verfolgung, vergeudete

Zeit, geängstigte Menschen, Tote – und das alles wegen dieses stöhnenden Stück Drecks dort am Boden. Er hob den bläulich-schwarzen Revolver hoch. Sorgfältig zielend schoß Malchek...»

Die Identität des Killers war ihm früh bekannt, auch sein Motiv – aber gerade das macht den Drive des Romans aus. Denn der eigentliche Krimi läuft auf der Ebene der Beziehung der drei Personen zueinander und der Gewalt ihrer Reaktionen. Da wird alles ausgereizt und ohne Moral auf den Punkt gebracht. «Töten ist ein einsames Geschäft» ist keine leichte Kost, ein durch und durch «schwarzes» Buch.

Härter und grausamer jedoch ist der erste und bislang einzige Kriminalroman von Patricia Roberts, die in London geboren ist und in New York als Redakteurin beim Magazin «People» arbeitet.

«Gebrochene Flügel» ist eine düstere Geschichte aus dem New York der dreißiger Jahre. Ein Psychopath berichtet.

«Ich gebe mich nur mit Witwen ab», ist sein erster Satz. Und eine verwitwete Frau, die zwei halbwüchsige Töchter hat, wird sein Opfer. Er hat sie überraschend schnell geheiratet und ist mit der einen Tochter nach City Island gefahren – angeblich, um sein Haus in Ordnung zu bringen. Der Umzug ist geplant. Mutter und zweite Tochter haben schon alles gepackt und warten auf seine Rückkehr. Der Mann will einen Fisch von dort droben mitbringen. Für ein letztes Abendessen in der Stadt.

Dazu kommt es nicht: «Der Sergeant schrieb die Zeit hin, 10.15, und Ali las im Dienstbuch verkehrt herum das Datum: 27/5/35.

‹Name?› sagte der Sergeant.

‹Mr. John James. Und Frances June.›

‹Ich meine Ihren Namen›, sagte der Sergeant.

‹Mary Margaret James.›

‹Adresse?›

Ihrer Mutter stockte der Atem, und ihr Kopf fuhr herum. Das Gesicht, das sie Ali zuwandte, war im Schock erstarrt. Sie fängt an zu begreifen, dachte Ali. Ein Haus am blauen Meer.»

John James, der Psychopath, schickt noch einen Gruß, ein Paket: «Als Ali die Augen wieder aufschlug, sah sie, eingebettet in weißes Seidenpapier, eine hölzerne, mit blauem Stoff bekleidete Puppe. Die Gesichtszüge der Puppe drängten sich in der Mitte des fein geschnitzten Gesichtchens zusammen und verliehen ihr einen zimperlichen, altmodischen Ausdruck. Arme und Beine waren mit Gelenken versehen. Rosige Lippen lächelten Ali entgegen. ‹Das ist ihr Kleid›,

GEFÜLLTER KABELJAU

• •

1 KLEINER KABELJAU (1500–2000 G), 40 G BUTTER, 1 ZWIEBEL, 3–4 SCHEIBEN WEISSBROT, SAFT EINER ZITRONE, ETWAS THYMIAN, SALZ, PFEFFER, EINE PRISE PAPRIKA, 50 G FETTER SPECK.

Fisch ausnehmen, waschen und trockentupfen. Die Butter in einem kleinen Topf auslassen, feingehackte Zwiebel hinzufügen und bräunen. Weißbrotstückchen, Zitronensaft und Gewürze dazugeben und den Topf vom Feuer nehmen, etwas durchziehen lassen. Die Masse in den Fisch füllen und den Fisch zunähen. Den Speck in dünne Scheiben schneiden, in eine Bratschüssel legen. Den Fisch darauf und bei mittlerer Hitze im Backofen ca. 1 Stunde garen. Öfter mit dem sich bildenden Fett oder zerlassener Butter bestreichen.

sagte Ali, und die Worte hingen schwer in dem Schweigen. ‹Kleid›, sagte ihre Mutter benommen. ‹Möge Gott mir vergeben, das ist ihr Haar.›»

Der Atem stockt, und doch ist die Geschichte längst noch nicht zu Ende.

«Die Gefühlsintensität ist buchstäblich überwältigend. ‹Gebrochene Flügel› ist jedem anderen Thriller der letzten Zeit um Längen voraus.» Das schrieb Ruth Rendell, berühmte Kollegin der Patricia Roberts. Und in der Tat – selten ist eindringlicher die Gedankenwelt eines Psychopathen zu Papier gebracht worden als in diesem Buch. Selbst abgebrühte Leser gestehen, danach mehr als einen Schluck nötig gehabt zu haben.

AUF LAND'S END

Es gab knusprig braune Brote und Maiskuchen, Austern und Muscheln und Kabeljaubällchen, Teesemmeln und Schaumgebäck, Braten und Schmorgerichte, geröstete Tomaten und Kartoffelsalat. Hannahs Schweinefleisch mit Bohnen fehlte nicht und auch nicht Sarahs Schellfisch in saurem Rahm und Matties Kaninchenbraten. Tomatenmark war da und Senfgurken und Relish aus Wassermelonen, und in der Mitte jeden Tisches, sozusagen als Krönung von Neptuns Gnaden, standen die Holzplatten mit scharlachroten Hummern. Rosafarbenes Hummerfleisch sah man auch aus den Töpfen und Schalen leuchten, in denen warme und kalte Salate bereitstanden.

AUSTERN ROCKEFELLER

24 AUSTERN, 120 G BUTTER, 1/2 FEINGEHACKTE ZWIEBEL, 2 EL PETERSILIE, 70 G SEMMELMEHL, 300 G GEKOCHTER SPINAT, SALZ UND CAYENNE.

Austern aufbrechen, den Bart entfernen und die Austern auf entsprechend große Auflaufformen aufteilen. Auf ein Bett von grobem Salz legen. Die restlichen Zutaten im Mixer zerkleinern und zu einer Creme verarbeiten. Die Creme auf die Austern, und im Backofen bei 225 ° C ca. 5 – 7 Minuten backen, bis die Austern gar und etwas gebräunt sind.

Land's End ist eine kleine Insel weit vor Maine. «Nach Land's End kommt der Morgen nie still. Er nähert sich hinter einem Nebelvorhang verborgen, und dann stürzt er sich plötzlich mit einem Schwall von Lärm auf die Insel, noch bevor die Dämmerung sich aufgehellt hat. Die Geräusche pflanzen sich fort, weiten sich aus in Kreisen, die ein Stein ins Wasser schlägt: Der Widerhall von Türen, die ins Schloß fallen, wenn sich die Männer – noch mit dem Kaffeebecher in der Hand – auf den Weg machen zu den nebelverschleierten Kais; das Ächzen der Ruderrollen und das schwappende Geräusch der Riemen, wenn die kleinen Beiboote zu den Kähnen gerudert werden; das Wimmern der Kurbelwinden, wenn die Männer Fässer mit stinkendem, Brechreiz treibendem Köder an Bord hieven; das monotone Stampfen der Motoren, wenn die Boote zu den Bojenfeldern aufbrechen, begleitet von einer Schar kreischender Möwen.»

So führt die Amerikanerin Anne D. LeClaire an die Insel heran. Die Hauptperson ihres Romans «Herr, leite mich in Deiner Gerechtigkeit» ist Peter Thorpe, ein Mann, der nach einem schweren Schicksalsschlag innere und äußere Ruhe sucht. Seine Frau ist umgekommen. Zwei

Jugendliche haben von einer Autobahnbrücke einen Stein geworfen, und der schwere Brocken hat die Windschutzscheibe durchschlagen und Molly Thorpe getötet. Das Gericht hat die Täter nicht gestraft, sie auf Bewährung entlassen. Peter hat das nicht begreifen können, und die Frauen und Männer auf der Insel verstehen seinen Schmerz, seine Verzweiflung. Hier, auf Land's End, gelten andere Gesetze. Alttestamentarische Strafen. Auge um Auge, Zahn um Zahn und schlimmer noch. Nach und nach erfährt Peter davon, und je mehr er von der praktizierten «Gerechtigkeit» der Inselbewohner weiß, desto unheimlicher wird ihm der Alltag auf dem abgelegenen Eiland.

Anne D. LeClaire hat mit ihrem ersten Roman einen «unheimlichen» Thriller vorgelegt: «‹Wenn nun eines Mannes Sohn in Eigensinn und Auflehnung verharret und sich nicht beugen will dem, was sein Vater und seine Mutter ihn heißen, wenn er nicht hören will auf sie, obschon sie ihn gezüchtigt hätten, dann sollen sein Vater und seine Mutter Hand an ihn legen und ihn hinführen vor die Ältesten der Stadt, auf daß diese Recht über ihn sprechen. Und also sollen sie zu den Ältesten der Stadt sagen: Dieser unser Sohn verharret in Eigensinn und Auflehnung und will sich nicht beugen dem, was wir ihn heißen.› Simon starrte auf seine Hände. Wieder und wieder rieb der Daumen über den roten Stumpf. Eben noch hatte er die dumpfe Angst nur wie einen zuckenden, kitzelnden Reiz im Magen empfunden, jetzt aber saß sie ihm in der Kehle, als hätte ihm jemand die Faust in den Schlund gestoßen. Er versuchte, sich taub zu stellen, taub gegen Seths Worte.

‹...und alle Männer dieser Stadt sollen Steine aufheben und ihn zu Tode steinigen. Solches aber soll durch euch geschehen, damit das Übel in eurer Mitte ausgerottet werde...› Er sah das Haumesser. Er sah, wie sich das Licht der flackernden Kerzen in der Klinge spiegelte. Galle würgte in ihm hoch. Nein, diesmal nicht. Nicht noch einmal. Diesmal würden sie ihn nicht bestrafen.»

Das ist nur eine der Strafaktionen, die Peter Thorpe miterlebt. Es kommt noch weitaus schlimmer. «Herr, leite mich in deiner Gerechtigkeit» ist eine packende Lektüre – für Inselurlauber und alle, die den Kitzel des Grauens lieben.

Eine karibische Insel ist der Hauptschauplatz bei Alan Furst. «Alan Furst gehört zu den Autoren, die die Kriminalliteratur der achtziger Jahre entscheidend mitprägen werden», schrieb Jörg Fauser über den jungen, bärtigen Autor in Jeansjacke und offenem Hemd, der mit Roger Levin einen ungewöhnlichen Privatdetektiv aus New York vorstellt. Levin ist ein ehemaliger

HUMMER THERMIDOR

● ●

2 FRISCH GEBRÜHTE HUMMER, 80 G BUTTER, 1 EL MEHL, JE 1/8 LITER SAHNE UND HÜHNERBRÜHE, 4 EL SHERRY, 1 TL SALZ, EINE PRISE CAYENNE-PFEFFER, 3 SCHEIBEN BUTTERTOAST.

Die Hummer in zwei Hälften teilen und das Fleisch auslösen und in Würfel schneiden. Butter zerlassen und die Hälfte davon mit Mehl auffüllen, mit Sahne, Brühe und Sherry ablöschen. Das Fleisch in die Sauce legen und 5 Minuten bei kleiner Hitze ziehen lassen. Die leeren Hummerschalen säubern und mit der Hummersauce auffüllen. Den Toast ohne Rinde in Stücke zerbrechen und auf die Hummerhälften legen. Die restliche zerlassene Butter über die Krumen gießen. 10 Minuten im heißen Backofen bei 225°C bräunen lassen.

GEBRÄUNTE NUDELN

●●●●●●●●●●●●●●●●●●●●●●●●●●●●●●●●●●●

250 G ROHE KRABBEN, 1 TL NATRON, 1 TL SALZ,
250 G LO-MEIN-NUDELN, 250 G RINDSFILET, STÄRKEMEHL,
2 TL SOJASAUCE, ÖL, 1/2 GESCHLAGENES EIWEISS,
10 GETROCKNETE CHINESISCHE MORCHELN,
500 G CHINAKOHL, 100 G IN FEINE SCHEIBEN GESCHNITTENE
BAMBUSSPROSSEN, 3 TL SALZ, 1 TL STÄRKEMEHL,
1/4 L HÜHNERBRÜHE.

Die Krabben der Länge nach einschneiden, in einer Schüssel mit
dem Natron und Salz vermengen. 15 Minuten stehen lassen.
Die Nudeln in 2 l kochendem Wasser ca. 4 Minuten kochen,
abspülen und abtropfen lassen. Das Rindsfilet in feine Streifen
schneiden, in einer Schüssel mit 2 TL Stärkemehl, Sojasauce
und Öl gut vermengen. Die Krabben unter kaltem Wasser
abspülen und trocknen. 2 TL Stärkemehl und das halbe Eiweiß
dazugeben, gut vermengen und für 30 Minuten kalt stellen. Die
Morcheln mit kochendem Wasser übergießen, 15–20 Minuten
stehenlassen, ausdrücken und die zähen Teile wegschneiden,
die Köpfe halbieren. Von dem Kohl nur die inneren Blätter
verwenden, sie in bissengroße Stücke schneiden. 1/4 l Öl in
einer Pfanne erhitzen, die Nudeln hineingeben und ohne
umzurühren 20 Minuten braten, dann umdrehen und von der
anderen Seite bräunen. Auf Servierteller legen und warm
stellen. Die Krabben in das Öl und braten, bis sie sich rosa
färben. Herausnehmen und abtropfen lassen. Das Fleisch in das
Öl und kurz braten. Herausnehmen und in dem Öl Pilze,
Bambussprossen und Kohl ebenfalls kurz braten. Salz, Zucker
und Hühnerbrühe dazurühren und Krabben und Fleisch
beigeben. 1 EL Stärkemehl mit 2 EL Wasser verrühren, damit
die Sauce andicken und über die Nudeln gießen.

Hasch-Dealer, der über einem chinesischen Restaurant lebt: «Es passiert heute abend, während ich fritiertes geschnitzeltes Rindfleisch mit weichgebackenen Nudeln mache. Die letzte Verteidigungsmöglichkeit gegen einsetzende Depression ist chinesische Küche.»

Roger Levin versucht, bei der Zubereitung sein «Beziehungsproblem» mit Sandy zu lösen. Es gelingt ihm nicht. Er ist auf einen Fall angesetzt, in dem eine junge, superreiche Erbin von einem Sektenführer gefangengehalten und unter Druck gesetzt wird. Fiona, die Erbin, ist jung und schön, und es ist keine Frage, daß Roger in mehrerer Hinsicht «gefährdet»

ist. Sandy will nicht, daß sich Roger der jungen Frau annimmt. Doch der haut natürlich Fiona aus allem heraus und flieht mit ihr nach Miami. In einem Nobelrestaurant in Coconut Grove nehmen die beiden mit Champagner einen kleinen Imbiß zu sich.

Das Ende der Geschichte ist eine Notiz aus dem DAY-Magazin: «Gestorben, Charles Early Smith, Psychologe, im Alter von 46 Jahren. Gab 1978 eine lukrative Park-Avenue-Praxis auf, um eine experimentelle Kommune in der Karibik zu gründen. Offenbar ermordet, am 24. Dezember in Manhattan, aber erst am 6. März identifiziert...»

Roger Levin hat «gute» Arbeit geleistet – ein Profi, auf dessen weitere Fälle man gespannt sein darf.

CHAMPIGNONS UMWICKELT

Gehackte Champignons,
umwickelt mit einer dünnen Scheibe Hühnerbrust,
umwickelt mit einer Scheibe Schinken,
umwickelt mit einer Scheibe Käse,
umwickelt mit einer dünnen Scheibe Kalbfleisch,
umwickelt mit drei Scheiben Speck,
das Ganze zusammengehalten mit Zahnstochern,
die Champignonhütchen tragen.

MIAMI–
SEHEN SIE'S MIT DEN AUGEN
EINES EINHEIMISCHEN

• •

Nachruf auf Charles Willeford

• •

Hoke Moseley teilt sich mit seinem Kollegen Bill Henderson das Büro. Es ist ein winziges Büro, ein Glasverschlag in dem neuen Gebäude des Miami Police Department. Als Sergeants haben sie ein Anrecht auf ein abgetrenntes Office, aber es gefällt ihnen nicht: zwei aneinandergestellte Schreibtische, ein Telefon und sonst nichts. Nur die Aktenstapel und an der Wand, die nicht aus Glas ist, ein Poster. Es zeigt eine Hand, die eine Pistole hält. Die Pistole zielt auf den Betrachter. Darunter steht: MIAMI – SEHEN SIE'S MIT DEN AUGEN EINES EINHEIMISCHEN!

Miami, im Herbst 1982. In der Metropole Floridas lungern achttausend Landstreicher herum, um hier zu überwintern. Es gibt gut zwanzigtausend Nicaraguaner, zehntausend haitianische Flüchtlinge und über fünfundzwanzigtausend Marielitos, die in der Stadt herumlaufen. Der «windelweiche Exprädident» Jimmy Carter hat noch 1980 einhundertfünfundzwanzigtausend Kubaner mit offenen Armen empfangen. Die meisten von ihnen kamen legal. Ihre Familien lebten bereits in Miami. «Aber Castro schloß auch seine Gefängnisse und Irrenhäuser auf und schickte uns rund fünfundzwanzigtausend Schwerverbrecher, Schwule und Verrückte. Sie kamen aus Mariel in Kuba, und deshalb heißen sie hier Marielitos», sagt Moseley verbittert. Er hat ständig mit diesen Leuten zu tun.

Hoke Moseley stammt nicht aus Miami. Er ist in Riviera Beach aufgewachsen und hat das Junior College in Palm Beach besucht. Er hat sich freiwillig für drei Jahre zur Armee gemeldet, eine ereignislose, aber nicht unangenehme Zeit als MP in Fort Hood, Texas, verbracht. Wieder zu Hause, arbeitet er zwei Jahre im Haushaltswarenladen seines Vaters und heiratet Patsy, ein Mädchen, mit dem er auf die High-School in Palm Beach gegangen ist. Er bekommt eine Stelle im Riviera Police Department, fährt Streife und hat mit Patsy zwei Kinder, die Töchter Sue Ellen und Aileen. Alles ist okay. Drei Jahre lang ist er glücklich und zufrieden. Dann stoppt er eines Abends einen Cady, der zu schnell gefahren ist. Der Fahrer steigt aus und hat eine Waffe in der Hand. Hoke schießt ihn nieder, ohne einen Augenblick nachzudenken. Der Mann ist auf der Stelle tot. Hoke bekommt ein Verfahren an den Hals, wird aber freigesprochen. Sein Chief belobigt ihn darüber hinaus noch, und Hoke bewirbt sich beim Miami Police Department. Er wird eingestellt und verdient mehr Geld. Doch der Preis dafür ist hoch. Überstunden stehen an und Vorbereitung auf die Sergeant-Prüfung – für Frau und Kinder ist kaum noch Zeit. Er hat eine Affäre. Patsy kommt dahinter, und die Ehe ist zu Ende.

Nun hockt er also im Morddezernat und ist meistens stinkig. Er hat kaum Strom auf der Naht: Jedes zweite Gehalt geht an seine Exfrau, die jetzt mit den inzwischen halbwüchsigen Töchtern in Vero Beach lebt. Wenn sämtliche Beiträge für Lebens-, Auto- und Pensionsversicherung und die Gewerkschaft bezahlt sind, bleiben ihm nicht einmal zwölftausend Dollar im Jahr zum Leben. Es ist ein erbärmliches Leben. Er hat keine eigene Wohnung mehr, haust für lau in einem heruntergekommenen Art-deco-Hotel, dem Eldorado, drüben in Miami Beach. Als Gegenleistung hat er nach Feierabend den Hausdetektiv zu mimen. Obwohl in dem von Abbruch bedrohten Schuppen nicht groß was passiert, ist die Tatsache an sich deprimierend. Sein Zimmer ist im achten Stock, und beim Herauffahren hält er jedesmal den Lift auf sämtlichen Etagen an und wirft einen Blick nach rechts und nach links in den Gang. Manchmal tappert eine von den alten Damen durch die Korridore, völlig durcheinander, weil sie ihre Zimmernummer vergessen hat. Dann hat er kurz was zu tun und ist danach noch deprimierter. Die Luft in seinem kleinen Zimmer ist stickig, und es riecht nach schmutzigen Laken, ungewaschenen Socken und Unterhosen, billigem Rum und schalem Tabakqualm. Wirklich kein nettes Zuhause. Und erst recht nicht das Richtige für eine neue Frau. Hoke Moseley hat mit seinem Sexualleben ein echtes Problem. Es ist nicht das einzige.

Wer in des Wortes doppelter Bedeutung kräftig zubeißen will, sollte gesunde Zähne haben. Hoke aber trägt ein Gebiß. Er ist sich seinerzeit besonders schlau vorgekommen, seine sämtlichen Hauer von Dr. Evans aus der Pathologie rupfen und sich diese neuen Dolphin-Beißer verpassen zu lassen, obwohl er nur einen Abszeß an einem (!!!) Zahn hatte. Dr. Evans hat es gern getan. Ihm ging's um die Erfahrung, Moseley darum, für die ganze Chose keinen einzigen Cent zahlen zu müssen. Gut gefahren ist er damit nicht.

Frederick J. Frenger, auch Junior genannt, ein wohlgemuter Psychopath aus Kalifornien, macht sich nämlich eines schönen Tages auf, «diesem Wichser die Zähne zu ziehen». Er überrascht Hoke in seinem miesen Hotelzimmer, knallt ihm mit weitausladendem Schwung die Pistole ans Kinn. Hoke Moseley fällt zur Seite, und Freddy hat noch Zeit für einen Schlag mit der Rückhand. Hokes Zähne fliegen aus dem Mund und kollern über den staubigen Teppichboden. Freddy hebt das Gebiß auf und steckt es in die Jackentasche. Es landet auf dem Grund des Ozeans und Hoke im Krankenhaus. Aber vorher ist natürlich schon einiges passiert.

Freddy hat bei seiner Ankunft in Miami in der Flughafenhalle einem Hare Krishna den Mittelfinger umgeknickt. Der Typ ist vor Schreck gestorben. Wie das Leben so spielt, gerät Freddy dann an die etwas doofe Schwester des Toten, und diese Susan beginnt nichtsahnend mit dem tumben Brutalo ein Verhältnis. Sie verabredet sich mit ihm in einem vegetarischen Restaurant. Bei einem «Salat Circe» kommen sie sich näher.

Vorher allerdings hat Freddy im Hotel schnell einen Sandwich verdrückt. Zu einem Preis, den er unerhört fand: Was zum Teufel war mit der Wirtschaft passiert, während er im Knast gewesen war? Zwölf Dollar plus ein Dollar Bedienung für so einen Happen.

Zwischen Susan und Freddy beginnt eine total «verrückte» Liebe. «Du bist der netteste Mann, der mir je begegnet ist», sagt Susan

SALAT CIRCE

• •

Eine Porzellanschüssel mit großen Blättern von grünem Salat auslegen. 2 Orangen schälen und in Scheiben schneiden. Bohnen- und Weizenkeime und Kokosflocken dazu. 2 EL Vanillejoghurt. Alles mit «in Ginseng getränktem Zuckerrohrsägemehl» bestreuen.

CLUBSANDWICH

· ·

1 Scheibe Toastbrot mit einem Salatblatt und
3–4 Tomatenscheiben belegen. 1 Scheibe Schinkenspeck,
1 Scheibe Truthahnfleisch und eine Käsescheiblette
übereinanderlegen. Mit einer weiteren Scheibe Toastbrot
abdecken und den Sandwich in zwei dreieckige Stücke
schneiden. Mit Weißkohlsalat, Gürkchen und Kartoffelchips
servieren. Mayonnaise und Senf nach Belieben.

beim Essen. – «Ich finde dich auch nett», sagt Junior. – «Deine Hände sind wunderschön», sagt sie dann. – «Das hat mir noch niemand gesagt», gesteht er. «Hier – du kannst den Rest von meinem Salat haben.»

Nun ja, ihre Kommunikation bleibt weitgehend auf dieser Ebene, nur das Essen wird mit der Zeit besser. Susan bekocht ihren neuen Freund, der sie über das, was er tut und getan hat, nach wie vor im unklaren läßt.

Freddy ist ein gutaussehender Mann Ende Zwanzig. Er hat drei Jahre in San Quentin zugebracht und ist lange Nachmittage auf dem Hof herumgeturnt, um schön braun zu werden. Seine Muskeln hat er durch Eisenreißen gestählt. Nach den einschlägigen Tests wurde er als etwas zu weich in der Birne eingestuft, und das ist er auch. Er klaut besonders gern Brieftaschen und fragt sich immer wieder, warum wohl die Besitzer diese Fotos von häßlichen Kindern und faden Frauen mit sich herumschleppen. – Weg damit. Mit den Kreditkarten läßt er es sich gutgehen. Manchmal zockt er Gauner ab, die ihm bereits die Arbeit abgenommen haben. Miami ist dafür ein gutes Pflaster.

Miami ist der größte der siebenundzwanzig Bezirke, die im Raum Greater Miami liegen, hat aber keine der angenehmen Mittelklassewohngegenden, wie sie sich in den kleineren Bezirken finden. Es gibt allerdings mehrere teure Nobelgegenden. Freddy weiß allmählich, wo und bei wem was zu holen ist. Er beschafft sich das nötige Betriebskapital und plant Größeres.

Susan schnallt das alles nicht so richtig. Sie träumt einzig und allein von einer «Burger-King»-Lizenz und sieht sich schon mit ihrem Junior den Laden schmeißen. Vorläufig aber ist damit nichts. Das Pärchen führt eine rein platonische Ehe, und Susan tafelt Freddy ordentlich auf.

BREAKFAST FÜR FREDDY

· ·

Rührei mit grünem Paprika, Bratwürstchen und gebuttertem
Roggentoast. 1 grüne Paprika in Streifen oder kleine Stücke
schneiden, zusammen mit kleinen Bratwürstchen in Butter
schmoren – beiseite stellen. 3 Eier schlagen, mit Salz und
Pfeffer würzen, die Masse in die Pfanne geben, etwas stocken
lassen und mit dem Löffel verrühren.

GEFÜLLTE KOTELETTS MIT GEBACKENEN SÜSSKARTOFFELN

Süßkartoffeln = Bataten, kommen von den malaiischen Inseln, werden aber auch in Afrika, Südasien und Nordamerika angebaut. Es gibt weiße, rote und gelbe Sorten. Die gelben sind die gebräuchlichsten. Sie sind auch bei uns im Handel.

Süßkartoffeln kochen, schälen und in dicke Scheiben schneiden. Auf ein Backblech breiten, mit Ahornsirup, der mit Apfelwein, Butter und etwas Salz aufgekocht wurde, begießen und im Ofen überbacken.
Schalotten und Champignons in Scheiben schneiden und in Fett anbraten. Tomatenmark und Mehl zugeben. Sobald das Mehl gebräunt ist, mit kalter Fleischbrühe ablöschen und mit heißer auffüllen.
In die Koteletts eine Tasche schneiden, mit Schalotten und Champignons füllen, zustecken und unpaniert braten.

Susan serviert dazu noch Erbsen, 1 Tomate, 1 Gurke und Zwiebelsalat.

RIPPENBRATEN

Schweinsrippenstück – das Susan im Tontopf zubereitet – mit kleinen Perlzwiebeln, neuen Kartoffeln und gehacktem Sellerie und Petersilie. Sie tut Sherry in die Sauce und – «das ist das Geheimnis bei meinem Rippenbraten aus dem Tontopf» – eine winzige Prise Currypulver dazu.

SCHWEINERÜCKENSTEAK MIT SPARGEL UND GRATINIERTEN KARTOFFELN

· ·

4 EL KRÄUTERÖL, 3 EL BRANDY, 1 EL SOJASAUCE,
2 EL GEMISCHTE, FRISCHE KRÄUTER, 1 EL GETROCKNETE
KRÄUTER, 2 KLEINGEHACKTE KNOBLAUCHZEHEN,
GROB GEMAHLENER PFEFFER, CHILIPULVER.

Die Zutaten vermischen und die Steaks einige Stunden in der Marinade ziehen lassen. Mehrere Male wenden. Vor dem Braten trockentupfen und die Kräuter entfernen. Spargel schälen und 8 – 10 Minuten blanchieren.

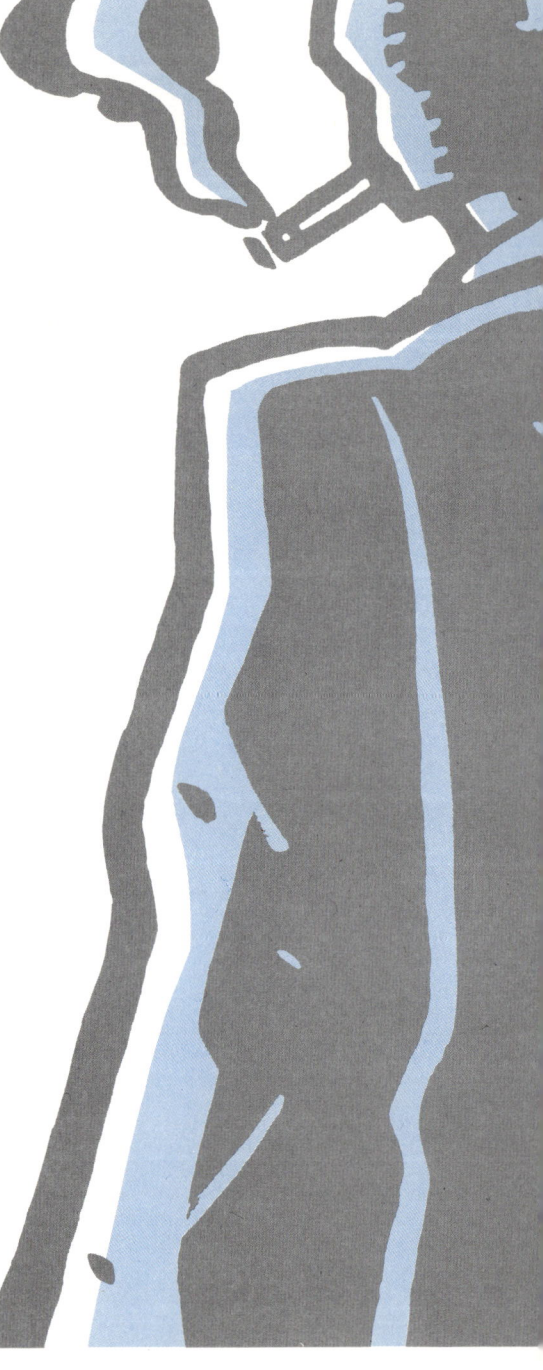

SAUCE HOLLANDAISE

· ·

250 G BUTTER, 2 EIGELB, 4 EL WEISSWEIN, ZITRONENSAFT
(VON EINER HALBEN ZITRONE), SALZ UND WEISSER PFEFFER.

Butter bei mittlerer Hitze zerlassen. Aufkochen, mit einer Kelle den Schaum abschöpfen. Eigelb und Weißwein in eine Metallschüssel geben, im Wasserbad mit Schneebesen schaumig schlagen. Die Butter langsam unter ständigem Rühren hinzugeben. Mit Zitronensaft, Salz, Pfeffer abschmecken.

KARTOFFELGRATIN

· ·

1 KNOBLAUCHZEHE, 30 G BUTTER,
8 KLEINE ROHE GESCHÄLTE KARTOFFELN, SALZ, PFEFFER,
1/4 L SCHLAGSAHNE, 1 PRISE MUSKAT.

Eine flache, feuerfeste Form mit der Knoblauchzehe ausreiben und mit der Butter ausstreichen. Die in dünne Scheiben geschnittenen Kartoffeln flächenartig anrichten. Jede Schicht mit Salz und Pfeffer würzen, mit Sahne übergießen. Mit Muskat würzen und mit Butterflöckchen bestreuen. Im vorgeheizten Backofen bei 200 Grad ca. 25 Minuten backen.

Susan überrascht Freddy mit belgischen Walnußwaffeln, verlorenen Eiern und französischem Toast aus Sauerteigbrot. Einmal serviert sie ihm einen Wels, den sie mit Maiskroketten gebraten hat und mit Bratkartoffeln und Kohlgemüse auf den Tisch bringt. Zum Dessert einen Granny-Smith-Apfelkuchen mit brutzelnder Butter, braunem Zukker und Zimt.

Nur der fette Sergeant Hoke Moseley stört diese Idylle und nervt mit seinen Fragen nach allem möglichen, und darum muß Freddy sich was einfallen lassen. Der Typ geht ihm echt auf den Keks. Und so kommt es nun also, daß Hoke erst einmal mehrere Tage lang seine Mahlzeiten durch ein Glasröhrchen zu sich nehmen muß. Sein Körpergewicht verringert sich von 205 auf 182 Pfund, und es dauert, bis er wieder bei Kräften ist. Dann aber räumt er gehörig auf.

Susan löffelt das Rinderhack und die Sauce auf sechs gebutterte Toastecken. Sie setzt Freddy den Teller vor und tritt einen Schritt zurück, als er sich eine große Gabel voll in den Mund schiebt und mit geschlossenen Augen kaut. «Das ist gut», stellt er fest. «Aber du hättest ein paar Bratkartoffeln dazu machen sollen. Auf Kartoffeln schmeckt es besser als auf Toast. Auf diese Weise kann man den Toast mit etwas Marmelade extra essen. Die Sauce hier ist so dick, daß ich die Butter auf dem Toast kaum schmecke.» Wenig später erwischt Hoke Moseley ihn: «Als der 38er zum Vorschein kam, schoß Hoke ihn in den Bauch. Freddy schrie und wälzte sich herum und versuchte gleichzeitig, auf die Beine zu kommen und den Revolver ganz aus der Tasche zu bringen. Hoke schoß ihn in die Wirbelsäule, und Freddy hörte auf, sich zu bewegen. Hoke beugte sich vor und jagte eine Kugel in Freddys Hinterkopf.»

Das ist, in Kurzfassung, Hoke Moseley und sein erster Fall – eine böse und zugleich ungeheuer komische Geschichte, erzählt von Charles Willeford, einem netten älteren Herrn, der aussieht wie «eine Mischung aus Mark Twain und Gene Hackman».

Charles Willeford wurde 1919 in Arkansas geboren und hat sich seine ersten schriftstellerischen Sporen als Verfasser von Soap Operas für den Armeefunk und als Redenschreiber für

SUSANS ESSIGPASTETE

• •

1 TASSE ROSINEN, FEIN GEHACKT, 1/4 TASSE AUSGELASSENE BUTTER, 2 TASSEN ZUCKER, 1/2 TEELÖFFEL ZIMT, 1/4 TEELÖFFEL NELKENPULVER, 1/2 TEELÖFFEL ALLES-WÜRZE, 4 EIER, GETRENNT, 3 EL ESSIG, SALZ.

Susan rührt die Butter mit dem Zucker schaumig. Sie gibt die Gewürze hinzu, dann Eigelb und Essig, schlägt alles mit einem Schneebesen zu einer cremigen Masse. Sie hebt die gehackten Rosinen unter. Das Eiweiß hat sie mit einer Prise Salz zu festem Schnee geschlagen, den sie jetzt auf die Mischung gleiten läßt. Behutsam, aber gründlich unterheben. In eine mit Pastetenteig ausgelegte Form füllen. Im vorgeheizten Ofen bei 220 Grad 15 Minuten backen, auf 150 Grad runter, und weitere 20 Minuten backen. Die Oberseite sollte dann goldbraun sein und die Füllung geleeartig. Die Pastete 2–3 Stunden abkühlen lassen.

FREDDYS LETZTE MAHLZEIT

• •

1 große Portion Rinderhack mit Pfeffer und Salz würzen und mit gehackter Zwiebel und einem Ei vermengen. 1 EL Butter, 25 g Mehl, 1/4 l Milch, Salz und reichlich grüner Pfeffer. Butter zerlassen und Mehl hineinstreuen. Unter Rühren anschwitzen, dann kalte Milch nach und nach unterrühren. Kräftig durchschlagen und mit dem grünen Pfeffer kräftig würzen.

seine Kommandanten erworben. Mit Sechzehn hat er sich als Berufssoldat verpflichtet und es 21 Jahre bei der Armee ausgehalten. Während der Zeit schreibt er drei Bücher, «The High Priest of California», «Pick Up» und «Until I Am Dead» – eine San-Francisco-Trilogie, nach Aussagen von Kennern stark beeinflußt von Jim Thompson, Horace McCoy und Cornell Woolrich –, «grimmig lustig und mit schmucklos nüchterner Sprache». Aber erst 1959 gelingt ihm mit einer im «Playboy» veröffentlichten Story der Durchbruch: «Davor hatten mir Herausgeber, Redakteure, Lehrer und Kollegen immer vorgehalten, daß es unmöglich sei, einen Wahnsinnigen als sympathischen Helden darzustellen. Ich glaubte ihnen nicht, denn ich war der Meinung, daß Wahnsinn ein vorherrschendes Thema und ein Normalzustand im Amerika der zweiten Hälfte des zwanzigsten Jahrhunderts war... Das Verstehen und Akzeptieren des Wahnsinns unserer Zeit ist die Grundlage aller meiner Bücher.»

Willeford hat sich in Miami niedergelassen, und aus dem, was er da so tagtäglich an schrägen und kaputten Geschichten mitkriegt, entwickelt er die Hoke-Moseley-Serie: «Miami Blues», «Auch die Toten dürfen hoffen», «Seitenhieb» und «Bis uns der Tod verbindet» liegen inzwischen übersetzt vor.

Hoke Moseley gibt in diesen Polizeiromanen mehr oder weniger den Ton an. Wir lernen ihn – und mit ihm die Stadt – bestens kennen. Vergessen Sie Miami Vice und die flotten Jungs in ihren Armanianzügen: MIAMI – SEHEN SIE'S MIT DEN AUGEN EINES EINHEIMISCHEN. Hoke Moseley zeigt Ihnen, wo echt Trouble ist. Er zockelt mit seinem zerbeulten 74er Le Mans durch die wirklich üblen Viertel, kennt sich überall aus, in den Slums ebenso wie in den Villen der großen Drogendealer: «Reihenhäuser mit zwei Schlafzimmern waren in Tahitian Village nicht unter hundertneunundachtzigtausend Dollar zu haben; dieses hier hatte drei Schlafzimmer, und die Besitzer hatten außerdem eine Menge Geld in die latino-barocke Einrichtung gesteckt. Vor sämtlichen Parterrefenstern befanden sich zierlich verschlungene Eisengitter. Unter den Farben der Innenausstattung herrschten die Farben Purpur und Rosé vor. Der Teppichboden war von tiefem Purpurrot, und die violetten Samtvorhänge nahmen die Farbe mit unverminderter Wucht auf; sie hingen mit schwerem Faltenwurf in Wohn- und Eßzimmer an eisernen, zweiköpfigen Speeren. Im purpurroten Wohnzimmer lagen zwei Männer, eindeutig Latinos, die Hände und die Füße mit Kupferdraht zusammengebunden, mit dem Gesicht nach unten auf dem Teppichboden. Beide waren in den Hinterkopf geschossen worden, und ihre Gesichter waren nicht mehr zu erkennen. Eine dunkelhaarige junge Frau in der schwarzweißen Uniform eines Hausmädchens mit einem weißen Spitzenhäubchen lag erschossen in dem Gang, der zur Küche führte. Auch ihre Hände und Füße waren mit Kupferdraht gefesselt. Ein kleiner Junge von zwei, vielleicht drei Jahren hatte ebenfalls einen Kopfschuß erhalten, aber das Kind war nicht an Händen und Füßen gefesselt. Der Kleine lag oben in einem rosa gekachelten Badezimmer in der versenkten Wanne.»

Alltag in Miami. Hoke Moseley hat es immer gleich mit mehreren Fällen zu tun, und bei

HOKES DIÄTFRÜHSTÜCK

• •

1 pochiertes Ei (in nicht mehr kochendes Salzwasser gegebenes Ei, 4 Minuten gegart und mit einem Löffel in Form gehalten), 1 Scheibe Toast und schwarzer Kaffee.

dem nervenaufreibenden Job kann er nur schwer seine Diät beibehalten.

Die sich selbst verordnete karge Kost macht ihm zu schaffen. Und die ständig wiederkehrenden Gedanken an seine Exfrau und die Tatsache, daß sie ihm eines Tages ohne Vorwarnung die Töchter aufhalst, die sein ohnehin nicht sehr reges Sexualleben noch mehr einschränken, und dann hat er seit neuestem auch noch eine Partnerin im Wagen, Ellita, Detective Ellita Sanchez, eine Kubanerin, mit der es ihm verflucht nicht leicht fällt, vernünftig zu reden, und sein Vorgesetzter, Major Willie Brownley, der erste Schwarze, der es im Department zu diesem Rang gebracht hat, mokiert sich über seinen Freizeitanzug – blauer Popeline, Schlaghose und aufgesetzte Taschen, den gleichen noch mal in Gelb, und beide zusammen für nur 50 Dollar bei einem Räumungsverkauf erstanden – und nicht nur das, Hoke soll auch endlich aus dem Eldorado ausziehen, denn der Schuppen gehört zum Bezirk Miami Beach und nicht zu Miami, und Hoke ist nun mal Beamter des Miami Morddezernats und überhaupt – sein Gesundheitszustand, die Maleschen mit den Zähnen, das alles läßt ihn mitunter ganz rammdösig werden.

Einmal wird Hoke von der Stiefmutter eines tot aufgefundenen Junkies zum Essen genötigt. Ihr Küchentisch biegt sich förmlich unter Essensbergen: gebackener Schinken, mit Nelken gespickt, Käsekuchen, Limonentörtchen und eine große braune Kasserolle mit Boston Baked Beans. Und im Kühlschrank ist noch

KOMPROMISS-FRÜHSTÜCK

Omelett aus 2–3 Eiern. Eier geschlagen zu einem Stich erhitzter Butter in die Pfanne. Masse sofort verrühren, damit sich frisches und gestocktes Ei vermischen. Wenn sich eine feste Schicht gebildet hat, das Omelett vorsichtig einrollen. Mit Hüttenkäse gefüllt und zusammen mit einem Schälchen Apfelmus servieren.

HOKES THUNFISCHSALAT

1 PFUND THUNFISCH, 1 PFUND GEHACKTE ZWIEBELN UND 1 PFUND MAYONNAISE VERMENGEN UND ANRICHTEN.

BOSTON BAKED BEANS

500 G WEISSE BOHNEN, 2 ZWIEBELN, 1 TEELÖFFEL SENF, 1 EL AHORNSIRUP (ODER ZUCKERRÜBENSIRUP), 75 G BRAUNER ZUCKER, 1/2 TEELÖFFEL SCHWARZER PFEFFER UND SALZ, 1 TEELÖFFEL LÖSLICHER KAFFEE, 1 TASSE HEISSES WASSER, 250 G GERÄUCHERTER SCHWEINEBAUCH.

Bohnen über Nacht einweichen. Am nächsten Tag salzen und 30 Minuten kochen. Wasser abgießen. In eine Kasserolle die halbierten Zwiebeln und die Bohnen geben. Senf, Sirup, 50 g des Zuckers, Pfeffer, Salz und löslicher Kaffee mit dem heißen Wasser verrühren. Über die Bohnen schütten. Das Fleisch mit einem scharfen Messer einkerben. In den Topf geben und die Bohnen darüberhäufen. Zugedeckt im Backofen bei 180 Grad ca. 2 Stunden schmoren. 30 Minuten vor Ende der Garzeit den Deckel abnehmen und den restlichen Zucker darüberstreuen. Offen zu Ende backen, damit sich eine braune Kruste bildet.

eine Schüssel mit Thunfischsalat. Hoke hätte sich gern die Bohnen einverleibt, aber da er nun mal auf Diät ist, will er sich mit etwas Thunfischsalat begnügen. Die Lady serviert ihm eine Riesenportion, nett angerichtet – auf Salatblättern, garniert mit zwei scharfgewürzten Eihälften, grünen und schwarzen Oliven und Staudensellerie. Hoke – zum Teufel mit der Diät – läßt es sich schmecken. «Gut», sagt er. «Aber ich gebe nie hartgekochte Eier hinein.» Er bevorzugt das «klassische» Rezept.

Charles Willeford hat mit diesem stark übergewichtigen und vom Leben hart gebeutelten Hoke Moseley eine Cop-Figur entworfen, in der sich der amerikanische Alltag bestens widerspiegelt – «gewöhnlich zermürbend und zermürbend gewöhnlich in gigantischem Ausmaß».

Der Mann wird uns fehlen. Charles Willeford ist im Frühjahr 1988 in Miami gestorben.

HIMBEEREN
UND FRISCHE MELONE

● ●

Ein Hinweis auf
Charles Merrill Smith

von Ruth Cremerius

● ●

Die Good-Shepherd-Kirche in Chicago repräsentiert selbst für amerikanische Verhältnisse alles andere als den protestantischen Durchschnitt. Einst als Blockhütte gegründet, die immerhin einige Jahre älter war als die Stadt, kann sie jetzt die alteingesessenen Reichen zu ihren Mitgliedern zählen. Die sind zwar längst in die Vororte gezogen und kommen nur selten in die Kirche, aber sie spenden großzügig, bedenken sie in ihren Testamenten und zeigen als Stiftungsverwalter beträchtlichen Geschäftssinn beim Mehren des kirchlichen Vermögens – zum Ruhme des Herrn.

Die alte Kirche, ein düsterer Backsteinbau am Loop, mußte einem vierzigstöckigen Hotel- und Bürogebäude weichen, das gewinnträchtig vermietet wurde. Ganz unten aber und ganz oben kommt die Kirche zu ihrem Recht. Die ersten drei Stockwerke enthalten die weiträumige Kirche, Verwaltungsbüros, Unterrichtsräume und eine Turnhalle, und in dem pseudogotischen Turm oben auf dem Wolkenkratzer wurde ein atemberaubendes Penthouse für den Pastor eingebaut. Der amtierende Pastor, Reverend Cesare Paul Randollph, hat eine noch ungewöhnlichere Karriere hinter sich als die Good-Shepherd-Kirche: Er war professioneller Footballspieler (der legendäre Starverteidiger der Rams!), ist Doktor der Philosophie, ordinierter Geistlicher, Professor für Kirchengeschichte, Interimspastor und jetzt ständiger Pastor dieser reichen und einflußreichen Gemeinde. C. P., wie ihn seine Freunde nennen, ist kein eifernder Spätberufener, der Wein, Weib, Gesang und Profilaufbahn den Rücken gekehrt hat, um der Welt Enthaltsamkeit zu predigen. Er ist mit großem Verständnis für die Schwächen der Sterblichen gesegnet – schließlich kennt er die eigenen nur zu genau. Dazu gehört, daß er seine Amtstracht (der Kragen scheuert am Hals) lieber mit einer blaßblauen Smokingjacke aus Rohseide vertauscht, einen Hang zu geistigem Hochmut und die Abneigung gegen langweilige Verwaltungsarbeit hat, ermüdende Sitzungen, sture Besserwisser und frömmelnde Eiferer nicht gerade liebt. Menschen mit christlicher Demut zu begegnen fällt ihm schwer. Aber, sagt sich der Reverend, wenn Gott der Herr sie ertragen kann, dann muß wohl auch ich sie ertragen.

Dr. Randollph ist nicht nur mit löblichen Tugenden und sympathischen kleinen Untugenden ausgestattet, er scheint auch die Antwort auf das Gebet aller einsamen Frauen zu sein: Ein Mann in der Blüte seiner Jahre, athletisch gebaut, von blendendem Aussehen, gebildet, einfühlsam, leidenschaftlich und zärtlich. Doch leider nicht mehr auf dem Markt, seit er die erfolgreiche Fernsehjournalistin Samantha Stack, kurz Sam, kennengelernt hat, mit der er später den Ehebund schließen wird. Sie sorgt dafür, daß er eine Stellenvermittlung beauftragt, einen Koch für seinen Junggesellenhaushalt aufzutreiben (eine Köchin findet sie zu gefährlich – was man verstehen kann). Und so erscheint Clarence Higbee auf der Bildfläche, ein kleinwüchsiger, kahlköpfiger Brite mit besten Referenzen, der, laut Auskunft der Stellenvermittlung, kündigt, «wenn sein Auftraggeber seinen Ansprüchen nicht genügt».

Das Vorstellungsgespräch verläuft daher ein bißchen unüblich: «Ich zweifle nicht daran, daß Sie bestens qualifiziert sind, Mr. Higbee. Die Frage ist: Wollen Sie damit zufrieden sein, für einen alleinstehenden Mann zu kochen, der wahrscheinlich nicht den Gaumen hat, den Sie erwarten?» Der steife, respektvolle Mr. Higbee gestattet sich ein kleines Lächeln: «Wenn die Stellung angenehm ist, Sir, ja. Gaumen kann man erziehen.» Dieser Aufgabe widmet sich Clarence Higbee fortan mit Kompetenz und beruflicher Begeisterung. Er beginnt mit der allmählichen Umerziehung beim Frühstück, serviert Ungewöhnliches.

«Wo», fragte Randollph, «treiben Sie um diese Jahreszeit frische Melone und rote Himbeeren auf?» Clarence stellte die silbernen Schalen vor Sam und Randollph hin. «Es ist meine Aufgabe zu wissen, was es bei den Obst- und Gemüsehändlern gibt», antwortete er.

Er hat die Honigmelone aufgeschnitten und sie mit Himbeeren garniert. Die Beeren werden leicht mit Zucker bestäubt, bevor sie bis zum Verzehr kühl gestellt werden. «Der Zucker kristallisiert. Daher dieser besondere Effekt», erklärt Clarence. Dann bereitet er ein besonderes Soufflé zu. Der Teig ist bereits angerührt.

Samantha, die dem Reverend bei solch erlesenen Tafelfreuden häufig Gesellschaft leistet, wirft eines Tages die Frage auf, ob Clarence sie nicht zur Gefräßigkeit ermutige und ob dies nicht sündhaft sei, zumal im Haushalt eines Pastors. Vor dieses theologische Problem sieht sich Randollphs gottesfürchtige Protestantenseele seit Clarences Amtsantritt häufiger gestellt: «Ja, die Gefräßigkeit ist eine Sünde. Und dennoch, Clarence ermutigt uns nicht zur Gefräßigkeit. Ich bin überzeugt, er glaubt fest daran, daß die Gefräßigkeit in einer Mißachtung der Heiligkeit der Schöpfung begründet ist. Der Gefräßige verachtet nicht nur das, was ihm vorgesetzt wird, sondern auch sich selbst. Wenn wir gefräßige Leute wären, würde er nicht mehr für uns arbeiten. Das ist auch der Grund, vermute ich, weshalb er eine

EIN SOUFFLÉ

● ●

175 ML MILCH, 40 G BUTTER, 40 G MEHL, 3 EIGELB, 3 EIWEISS UND 50 G ZUCKER.

Milch zum Kochen bringen. Weiche Butter und Mehl vermengen, in die heiße Milch einrühren und einmal aufkochen lassen. Die Eigelb nach und nach einrühren. Eiweiß steif schlagen und den Zucker einstreuen. 1/3 vom Eischnee mit der vorbereiteten Masse vermengen. Den restlichen Eischnee vorsichtig unterheben.

Das Soufflé wird gefüllt mit pochierten Eiern: Salzwasser in einem Topf zum Kochen bringen. Einen großen Schuß Essig hineingeben. In einer Tasse das Ei aufschlagen und vorsichtig in das nicht mehr kochende Wasser gleiten lassen. Mit einem Löffel das Ei in Form halten und 4 Minuten garen lassen. Herausnehmen und abkühlen lassen. Clarence gibt etwa die Hälfte der Soufflé-Masse in eine leicht ausgebutterte und mit Mehl bestäubte Form, fügt dann die pochierten Eier hinzu und bedeckt sie mit dem Rest des Teigs. «Noch etwas Käse darüber, und dann wird das Ganze gebacken.» Im vorgeheizten Backofen, bei 180 Grad, ca. 30 Minuten. Zu dem Soufflé serviert er einige Streifen gebratenen Schinkenspeck, die mit Bourbon Whiskey flambiert wurden.

ganze Reihe guter Stellungen aufgegeben hat. – Möchtest du noch eine Scheibe von dem köstlichen Schinken?» Samantha möchte – und spricht ebenso herzhaft den vorzüglichen Clarence-Frühstücken zu.

Als guter Christ läßt Reverend Randollph auch Freunde an den von Clarence gezauberten Köstlichkeiten teilhaben, vor allem seinen Bischof und den Lieutenant Michael Casey von der Mordkommission, ein smarter Beamter, der das College besucht hat und sich auf dem gesellschaftlichen Parkett zu bewegen weiß. Sein Vorgesetzter hält ihn für einen «Eierkopf», der zu viele Bücher liest. Das tut Casey in der Tat. Er genießt nicht nur das Essen, sondern auch den geistigen Schlagabtausch mit dem Reverend, meist auf literarischem oder theologischem Gebiet. Casey ist nämlich Katholik. Und, wie er selbst sagt, ein guter Ermittler: «Routinemordfälle – und das sind die meisten – machen mir keine Schwierigkeiten. Aber Mord mit Religion gemixt – nun, das liegt ein wenig außerhalb meines Erfahrungsbereiches.»

Mit solchen Fällen wendet er sich an den Reverend. Der kann ihm immer helfen, ob es sich um eine Braut handelt, die kurz nach der von ihm vorgenommenen Trauung erschlagen wird, um die Mordserie im engsten Mitarbeiterkreis eines populären Fernsehpredigers oder um einen Eiferer, der sich offensichtlich

HALBIERTE TOMATEN MIT EI

Zwei große Tomaten halbieren und aushöhlen. In die vier Hälften je ein Ei schlagen und die Portionen in den vorgeheizten Backofen schieben. Bei 250 Grad braucht es 10 Minuten, bis die Eier gar sind. Geben Sie kurz vorher einen Schuß Sherry darüber und im letzten Moment etwas Parmesankäse. In der Zwischenzeit bräunen Sie in der Pfanne mit ausgelassener Butter vier Toastscheiben. Dann einige Streifen Frühstücksspeck braten. Die gebackenen Tomaten mit Ei auf Toast, den Speck hinzu und mit Petersilie garnieren. Angereichert wird das Frühstück mit frischen Croissants, Stachelbeer- und englischer Orangenmarmelade.

OMELETT MIT TRÜFFELN

100 g Butter in einer Pfanne zergehen lassen. 1/2 Glas weißen Bordeaux und 1 Schuß Sherry hinzufügen. Nach Belieben (und Finanzen) feingeschnittene Trüffel dazu. Währenddessen 4 Eier in einer Schüssel leicht verschlagen und salzen. Butter in einer zweiten Pfanne erhitzen. Eiermasse hineingeben. Masse sofort verrühren, damit sich frisches und gestocktes Ei vermischen. Wenn sich eine feste Schicht gebildet hat, die Sauce aus der anderen Pfanne auffüllen. Das Omelett vorsichtig einrollen, auf einen vorgewärmten Teller geben. Eventuell noch ein wenig Butter darüberstreichen. Mit gebackenen Tomaten und mit einem Sträußchen Petersilie garniert servieren.

vorgenommen hat, alle Geistlichen Chicagos mit dunkler Vergangenheit (Mord, Totschlag, Unterschlagung) eigenhändig zu richten. Und davon gibt es eine ganze Reihe. Bald sieht sich auch Randollph im Fadenkreuz der «Geißel Gottes», zwar zu Unrecht, doch das ist nicht einmal ein schwacher Trost. Eine für ihn bestimmte Kugel tötet einen katholischen Bischof, mit Zyanid versetzte Tatarbällchen, vom Mörder als Warenprobe einer angesehenen Fleischfirma deklariert, kosten einen Pudel das Leben. Das sollte Randollph eine Lehre sein. Clarence hält nämlich den Verzehr von rohem Fleisch für barbarisch und weigert sich, dem Reverend seine Lieblingsspeise zuzubereiten. Morde an Zeitgenossen und Anschläge auf das eigene Leben machen, sofern man sie überlebt, hungrig.

KALBSSCHLEGEL MIT KIRSCHEN

● ●

Das Fleisch wird mit frischen, entkernten Kirschen gespickt, mit Zimt und Kardamom gewürzt und in einer Sauce aus Kalbfleischbrühe, Kirschsirup und Madeira gebraten.

KALBSKOTELETT EN PAPILOTTE

● ●

Kalbskotelett in Butter bei mittlerer Hitze ca. 4 Minuten braten. Fleisch herausnehmen und warm halten. Den Bratensatz mit Weißwein ablöschen. Geschälte Tomaten und Kapern zu einer Sauce rühren. Mit Pfeffer und Salz abschmecken. Dazu auf Olivengröße zugeschnittene und in Butter geschmorte Kartoffeln servieren. Sie mit gehackter Petersilie bestreuen.

Zum Glück aber gibt es ja Clarence, der stets in der Lage ist, dem Reverend und seinen Gästen mit einem «kleinen Imbiß» aufzuwarten. Und auch immer bereit ist, beim Zubereiten und Servieren der kulinarischen Genüsse seine Geheimnisse zu verraten. Das lenkt ab und beruhigt die Gemüter, so daß man sich einigermaßen entspannt dem Mahl widmen kann – zum Beispiel Kalbfleisch. Das kann man ohne Bedenken tun, wie Clarence versichert: «Ich betrachte es als meine Pflicht – ich darf vielleicht sogar sagen, als meine Berufung –, die besten Lebensmittel zu kaufen, die auf dem Markt zu haben sind, und sie auf die appetitlichste und schmackhafteste Weise anzurichten, die im Rahmen meiner Fähigkeiten liegt. Es ist gewiß gesünder und gewiß angenehmer, gute, wohlzubereitete Speisen zu essen, als vor Fett triefendes, nachlässig gekochtes Fleisch oder verwässertes Gemüse zu sich zu nehmen. Wenn ich einmal so sagen darf, ich betrachte meine Arbeit als eine Art Berufung. Sie ist nicht so wichtig wie die Arbeit des Bischofs – oder wie Ihre Arbeit, Doktor. Aber es ist eine gute und nützliche Arbeit im Auge des Herrn.» – «Amen!» sagte Randollph.

Der Autor der Kriminalromane, Dr. Charles Merrill Smith, kennt die Welt des von ihm geschaffenen Reverend C. P. Randollph genau. Seit vielen Jahren steht er einer methodistischen Gemeinde in Kansas vor. Jürgen Roland empfahl 1979 den ersten von vier ins Deutsche übersetzten Randollph-Krimis euphorisch, und John Dickinson Carr urteilte: «Zu den berühmten Detektivgestalten Pater Brown und Rabbi Small gesellt sich jetzt Reverend Randollph in der ansprechendsten Krimiserie seit Jahren.»

NERO WOLFE LÄSST AUFFAHREN

●●●●●●●●●●●●●●●●●●●●●●●●●●●●●●●●●●●

Rex Stouts Plädoyer für die
amerikanische Küche

von Ruth Cremerius

●●●●●●●●●●●●●●●●●●●●●●●●●●●●●●●●●●●

Rex Todhunter Stout, 1886 in Noblesville/Indiana geboren, hatte in beruflicher Hinsicht ein
wild bewegtes Leben hinter sich, als er sich 1927 als freier Schriftsteller niederließ. In rund
dreißig Metiers soll er sich versucht haben, u. a. als Sodawasserverkäufer, Seemann, Buchhal-
ter, Zigarrenverkäufer, Erdbeerpflücker, Hotelmanager, Gründer und Geschäftsführer einer
Handelsgesellschaft. Das könnte erklären, warum er mit Nero Wolfe den wohl bequemsten und
faulsten Helden der Kriminalliteratur geschaffen hat.

Teils aus angeborener Trägheit, teils wegen seines Lebendgewichts von geschätzten drei Zent-
nern hat Nero Wolfe sein Leben so eingerichtet, daß er kaum jemals das Haus verlassen muß. In
dem roten Backsteingebäude in der 35. Straße, 918 West, New York, ist alles zu seiner Bequem-
lichkeit eingerichtet. Ein Fahrstuhl sorgt dafür, daß er ohne nennenswerte Anstrengung das
Dachgeschoß erreicht, wo er mit Hilfe seines Gärtners Theodore Horstmann seine berühmte
Orchideenzucht pflegt und von dort wieder ins Erdgeschoß gelangt, wo ihm sein Koch Fritz
Brenner mit erlesenen Gaumenfreuden aufwartet.

Der Tagesablauf ist streng geregelt. Nach dem Frühstück widmet sich Wolfe von 9 bis 11 Uhr
seinen zehntausend Orchideen, Punkt 13.30 Uhr läßt er sich zum Mittagessen nieder, von 16 bis
18 Uhr hält er sich wieder im Gewächshaus unter dem Dach auf, und das Abendessen wird um
19.30 Uhr aufgetragen. Die verbleibenden Stunden sind für Bücher und Zeitungen sowie für
kulinarische Diskussionen mit Fritz reserviert.

Nero Wolfe wäre wunschlos glücklich, wenn er nicht hin und wieder arbeiten müßte, um das
nötige Kleingeld zur Finanzierung seiner kostspieligen Neigungen zu verdienen. Er besitzt eine
Lizenz als Privatdetektiv. Obwohl seine Honorarforderungen horrend sind und jeder Klient, der
ihn in seinem Büro aufsucht, auf eine Mauer des Desinteresses stößt, mangelt es nicht an Aufträ-
gen. Wolfe ist nämlich der fähigste Privatdetektiv zwischen Nord- und Südpol. Und der faulste:
«Mein einziger ernstlicher Fehler ist meine Lethargie, und ich ertrage Mr. Goodwins Gegenwart, ja ich bezahle ihn sogar dafür, daß er mir hilft, ihrer Herr zu werden.»

Archie Goodwin, Anfang Dreißig, smart, schlank, groß, gut aussehend und geradezu erschrek-
kend tatendurstig, ist der Stachel im Fleisch seines Brotgebers. Spätestens dann, wenn Nero
Wolfes Guthaben auf der Bank den erschreckenden Tiefstand von 14 194,62 Dollar erreicht hat,
bearbeitet er Wolfe so lange, bis sich dieser zur Annahme eines Falles bequemt. Laut Vertrag als
Sekretär, Leibwächter, Bürovorsteher, Hilfsdetektiv und Sündenbock angestellt, erfüllt er auch
die Pflichten eines Chauffeurs und Kammerdieners, wenn sich sein Boß – selten genug – einmal

aus dem Haus oder sogar aus der Stadt wagt. Arbeitgeber wie Arbeitnehmer haben gleichermaßen Schwierigkeiten, Goodwins Position zu definieren: «Sagen Sie selbst, Archie, der Sie meine...»

«...rechte Hand sind.»

«Nein.»

«Premierminister?»

«Nein.»

«Gefährte?»

«Nein.»

«Komplize, Laufbursche, Söldling...»

An dieser Stelle bricht Wolfe das Gespräch ab, wie immer vollkommen unempfänglich für Goodwins Witzeleien. Wolfe besitzt keinen Humor.

Archie Goodwin leistet für Nero Wolfe die Laufarbeit. Er sucht Klienten wie Verdächtige auf, die nicht bereit sind, sich zu Wolfe zu begeben, und versucht, ihnen die Informationen aus der Nase zu ziehen, die der große Meister benötigt. Das geht nicht immer ohne Blessuren ab: «Als der Gong zum Essen rief, Punkt halb acht, kam ich zu Hause an; und da es schon eines Erdbebens bedarf, um in diesem Haus die Mahlzeiten auch nur um eine Minute zu verzögern, und da während des Essens nicht von Geschäften geredet werden darf, mußte mein Bericht über die Ereignisse des Nachmittags warten. Beim Essen erkundigte sich Wolfe plötzlich: ‹Was, zum Kuckuck, ist los mit Ihnen?›

‹Nichts. Weshalb?›

‹Sie essen ja nicht. Sie knabbern bloß.›

‹Ja-a, zersplitterter Kiefer, mit bester Empfehlung von Anne Horne.›

Er starrte mich ungläubig an. ‹Eine Frau hat das besorgt?›»

Ein schwerer Schock für Nero Wolfe. Selbst gegen Frauen allergisch, hegt er die feste Überzeugung, daß sein Assistent jederzeit in der Lage wäre, mit diesen gefährlichen, unberechenbaren, stets zu Hysterieanfällen und Tränenausbrüchen bereiten Wesen fertig zu werden.

Einen noch größeren Schock erlebt Wolfe, als eine Frau einfach in die Küche eindringt, wo er mit Fritz die Zubereitung eines Corned-beef-Haschees diskutiert und behauptet, das Corned-beef sei zu fein gewiegt.

«Wolfe schnappte nach Luft und starrte sie entrüstet an. Seine Gefühle waren gemischt. Das Auftauchen einer fremden Frauenperson in seiner Küche war ein Frevel, und daß sie sich unterstand, seine Kochkünste zu kritisieren, war unverzeihlich. Andererseits handelte es sich bei Corned-beef-Haschee um eins jener Probleme, die nahezu unlösbar waren und ihm schlaflose Nächte bereiteten. Die natürliche Trockenheit des Fleisches sollte beseitigt und der Pökelgeschmack gemildert werden, aber das Haschee durfte weder zu fett sein noch fad schmecken. Wolfe experimentierte seit Jahren daran herum, und sein Briefwechsel über dieses Thema füllte ganze Bände. Hin und her gerissen zwischen solcherlei widerstreitenden Empfindungen, starrte er Maryella sprachlos an.

‹Wieso zu fein gewiegt?› protestierte er dann störrisch. ‹Schließlich handelt es sich hier nicht um frisches, zartes Fleisch, sondern...›

‹Regen Sie sich nicht auf.› Maryella legte ihm beschwichtigend die Hand auf den Arm. ‹Das schadet ja nichts. Es wird zwar besser, wenn es nicht ganz so fein gewiegt ist, aber so geht's auch. Aber Sie dürfen nicht zuviel Kartoffeln zum Fleisch geben, und wenn Sie kein Gekröse da haben, müssen Sie...› ‹Gekröse!› bellte Wolfe.»

Wolfe und Fritz sind von dem Rezept, obwohl es von einer Frau stammt, so angetan, daß sie es gleich ausprobieren. Und das Experiment gelingt. Fritz liebt es ohnehin, gelegentlich eigenmächtig Rezepte zu variieren, was Wolfe zunächst immer mit Skepsis aufnimmt.

«Der Lunch ist serviert, Sir. Die Petersilie taugte nicht mehr viel. Ich habe statt dessen Schnittlauch genommen.»

«Schön. Wir werden ja sehen.» Wolfe schob seinen Sessel zurück und stand auf. «Pfeffer?»

«Nein, Sir. Bei Schnittlauch hielt ich es nicht für angebracht.»

«Ganz meine Meinung. Gehen wir.»

Fritz' Neuerungsfreude kann aber auch eine häusliche Krise heraufbeschwören – etwa wenn er eigenmächtig Safran und Estragon statt Salbeiblätter verwendet. «‹Sie haben mich nicht zu Rate gezogen›, sagte Wolfe kalt. ‹Völlig unvorbereitet feststellen zu müssen, daß eines meiner Lieblingsgerichte ganz wesentlich variiert worden ist, bedeutet eine ärgerliche Überraschung. Es ist möglicherweise genießbar, doch verspüre ich keine Lust, ein solches Risiko auf mich zu nehmen. Bitte räumen Sie das fort, und bringen Sie mir vier Eier im Glas und ein Stück Toast!› Fritz, der Wolfe genauso gut kannte wie ich, wußte wohl, daß diese disziplinarische Maßnahme für Wolfe unangenehmer war als für ihn und daß es nutzlos gewesen wäre, sich auf Debatten einzulassen.»

MARYELLAS CORNED-BEEF-HASCHEE

● ●

Frisches Schweinegekröse in Olivenöl anbraten, mit Zwiebelsaft würzen, zusammen mit gekochten Kartoffeln unter das nicht zu fein gewiegte Corned-beef mengen.

MARKKLÖSSCHEN

● ●

Fritz bereitet die Markklößchen aus gehacktem Rindermark, Semmelbröseln, Petersilie (oder Schnittlauch), geriebener Zitronenschale, Eiern, Salz. In einer kräftigen Fleischbrühe läßt er sie ziehen, serviert jeweils acht Klöße.

STARE AUF POLENTA

Fritz rupft die Tiere, nimmt sie aus und salzt sie ein.
Er streicht zerlassene Butter darüber und wickelt sie
gewöhnlich in Salbeiblätter ein, brät sie auf dem Rost
und serviert sie auf einer Polenta.

POLENTA

125 g Maismehl in einem 1/2 l leicht gesalzenem Wasser zu Brei
kochen, 30 g Butter und 40 g geriebenen Parmesan
hineinrühren. Die Polenta nach dem Erkalten in Scheiben
schneiden, die Scheiben kurz in Öl braten und mit Parmesan
bestreuen.

IN SAUREM RAHM
MARINIERTE TAUBEN

die Fritz in Mehl gerollt, mit Salz, Pfeffer, Muskatnuß,
Nelken, Thymian und zerstampften Wacholderbeeren
gewürzt und in Olivenöl geschmort hatte.
Er servierte sie auf Toastscheiben, die mit
rotem Johannisbeergelee bestrichen waren, und das Ganze
wurde mit einer Madeirasauce übergossen.

OMELETT MIT PILZEN

Vier Eier, Salz, Pfeffer, 1 TL Estragonbutter,
2 TL Sahne, 2 TL trockener Weißwein, ½ TL gehackte Schalotten,
eine halbe Tasse geschälte Mandeln, zwanzig frische Pilze.

Manchmal schlägt Wolfe sogar ein Fall auf den Magen. Es beginnt ganz harmlos mit der Untersuchung von Plagiatsbeschuldigungen, denen vier bekannte Schriftsteller ausgesetzt waren. Als der erste Verdächtige ermordet aufgefunden wird, räumt Wolfe ein, zwei schwerwiegende Fehler gemacht zu haben. Dann meldet Goodwin, daß eine weitere Verdächtige ermordet worden ist. Wolfe, der sich dafür verantwortlich macht, reagiert beinahe verzweifelt. Er setzt fünf Privatdetektive ein, die er bei aufwendigeren Ermittlungen zu engagieren pflegt, um weitere Morde zu verhindern. Trotzdem muß Goodwin ihm wenig später berichten, daß er den dritten von vier Verdächtigen in einem Stadium gefunden hat, das man nur als erheblich fortgeschrittene Verwesung bezeichnen kann. Wolfe erleidet einen seiner seltenen Tobsuchtsanfälle und schwört, weder sein geliebtes Bier zu trinken noch einen Bissen Fleisch zu essen, «bis ich den Hals jener erbärmlichen Kreatur zwischen meinen Fingern spüre». Und er hält seinen Schwur. «Die Mahlzeiten waren einfach niederschmetternd.»

Marinierte Tauben gehörten zu Wolfes Lieblingsspeisen. «Er verdrückte gewöhnlich drei Tauben, obwohl ich schon erlebt hatte, daß er vier aß. Diesmal wollte ich in der Küche essen. Aber nein, ich mußte vor meinen zwei Tauben sitzen, während er grimmig in grünen Erbsen, Salat und Käse herumstocherte. Er kasteite sich wirklich bis aufs Blut.»

Doch Fritz sorgt dafür, daß Wolfe trotz seines Schwurs bei Kräften bleibt. Er erfindet eine neue Omelettfüllung.

Er fragt Goodwin, ob er das gleiche essen wolle. «Ich bejahte. Er wies mich warnend darauf hin, daß er sich im letzten Moment vielleicht noch dazu entschließen könnte, das Ganze mit Aprikosenmarmelade zu bestreichen. Ich sagte, dieses Risiko nähme ich gern in Kauf.» Das Frühstück ist problemlos. Wenn Wolfe sich unbedingt seine Gaumenfreuden versagen will, kann Fritz mit ganz Frugalem dienen.

Oder mit seinen berühmten Frühstücks-pfannkuchen.

Archie Goodwin vergeht schon nach einem Tag die Lust am Essen, wenn er an die unmittelbare Zukunft denkt: ein weiteres vegetarisches Mahl nach einem bierlosen Tag für seinen in Selbstmitleid schwelgenden Boß. Als er am frühen Abend nach stundenlangen, ergebnislosen Ermittlungen heimkommt, erwägt er sogar, in der Imbißbude um die Ecke ein paar Buletten futtern zu gehen: «Aber ich entschied mich, daß ich Wolfe diesen Schmerz nicht antun konnte. Solange er den Märtyrer spielte, brauchte er einen Zuschauer. Folglich mußte ich mich opfern.» Doch das ist nicht nötig. Fritz steht bereits in der Küche und grillt ein Steak für Wolfe, der Meister baut persönlich eine Reihe von Stühlen vor seinem Schreibtisch auf. Wie bei den meisten seiner Fälle versammelt Wolfe zum Abschluß alle Beteiligten in seinem Büro, rekapituliert den Gang der Ermittlungen und seiner Überlegungen und entlarvt schließlich den Täter oder – wie hier – die Täterin. Für Goodwin ist die Lösung des Falles immer genauso überraschend wie für den Rest der Runde oder für Wolfes ewigen Gegenspieler, Inspektor Cramer vom Morddezernat Manhattan-West. Und Wolfe kann befriedigt den Scheck über Zehntausende von Dollar einstecken und sich wieder ein paar Wochen lang ungestört seinen Neigungen hingeben: Bücher lesen, Orchideen züchten und neue kulinarische Genüsse kreieren.

Nero Wolfe ist wie sein Schöpfer Rex Stout ein leidenschaftlicher Verteidiger der amerikanischen Küche. Als ein französischer Meisterkoch behauptet, Amerika habe nichts zur wahren Kochkunst beigetragen, steigt Wolfe auf die Barrikaden: «Haben Sie schon jemals ein Schildkrötenstew mit Butter, Hühnerbrühe und Sherry gekostet? Haben Sie schon jemals ein saftiges Porterhousesteak gegessen, fünf Zentimeter dick, aus dem der heiße, rote Saft unter dem

BANKERS BREAKFAST

• •

1 weichgekochtes Ei, 1 Scheibe Toast,
3 getrocknete Pflaumen in einem Glas, knapp mit Wasser bedeckt, 1 Glas Mineralwasser.

BUCHWEIZENPFANNKUCHEN

• •

25 G HEFE, 1/8 LITER KALTES WASSER, 125 G MEHL,
400 G BUCHWEIZENMEHL, 1 1/2 TL SALZ, 1 EL SIRUP,
60 G ZERLASSENE BUTTER, 1 TL NATRON AUFGELÖST IN
1/8 LITER HEISSEM WASSER.

Hefe in lauwarmem Wasser auflösen. Mehl, Salz und das kalte Wasser unterrühren. Die Mischung über Nacht in den Kühlschrank. Am nächsten Morgen die übrigen Zutaten hinzufügen und 30 Minuten gehen lassen. Kleine Pfannkuchen in einer heißen, wenig gefetteten Bratpfanne von beiden Seiten braten.

BRASILIANISCHER HUMMERSALAT À LA NERO WOLFE

• •

Hummerfleisch und Avocados nach Anzahl der Personen. Nero Wolfe gibt Fritz Anweisung, 8 Babyhummer und entsprechend viele Avocadobirnen zu verwenden. Aus gehacktem Schnittlauch, Zwiebeln, gepreßtem Knoblauch, Tomatenmark, Mayonnaise, Salz, Pfeffer, Paprika, Pimento und trockenem Weißwein wird eine Sauce angerührt, das Hummer- und Avocadofleisch zusammen mit jungem Blattspinat hinzugeben.
Als Dessert ißt Nero Wolfe Blaubeertorte mit Schlagsahne.

GEFÜLLTER BLEICHSELLERIE

· ·

**50 G EDELPILZKÄSE UND DIE DOPPELTE MENGE QUARK,
SALZ UND BLEICHSELLERIE.**

**Käse und Quark gut vermengen und mit Salz abschmecken.
Innere Selleriestengel säubern und in fingerlange Stücke
schneiden. Die Käse-Quark-Mischung auf die Stücke häufen.**

Messer hervorquillt, garniert mit amerikanischer Petersilie, dazu Kartoffelpüree, das auf der Zunge schmilzt, nebst frischen Champignons in dicken Scheiben? Oder Kuttelflekken auf kreolische Art, wie man sie in New Orleans zubereitet? Oder Missourilandschinken mit Essig, Melasse, Worcestershiresauce, süßem Apfelmost und Kräutern? Oder Huhn in geronnener Eiersauce mit Rosinen, Zwiebeln, Mandeln, Sherry und mexikanischer Wurst? Oder Opossum, die Spezialität von Tennessee? Oder Hummer aus Newburgh? Oder Snapper Soup, jene göttliche Fischsuppe, die man nur in Philadelphia zubereiten kann? Ach, ich sehe, alle diese Gerichte sind Ihnen unbekannt.»

Wie auch das echte

MONTANA-FORELLENESSEN

· ·

Es kommt darauf an, wer es kocht und wann und wo. Von einem Bleichgesicht wurde es vermutlich zum erstenmal während der Lewis-und-Clark-Expedition gekocht, und zwar über einem Lagerfeuer in einer rostigen Pfanne in Büffelfett. Inzwischen gibt es x verschiedene Rezepte, wobei es davon abhängt, welche Zutaten greifbar sind. Ein Oldtimer in einem Eisenwarengeschäft in Timberburg behauptet, die beste Version wäre, wenn man ein Stück braunes Packpapier mit einer Speckschwarte einreibt, die Forelle mit Kopf und Schwanz und viel Pfeffer und Salz darin einwickelt und das Ganze in einem Campingofen braten läßt. Wie lange, hängt von der Größe der Forelle ab.

Mrs. Greves Rezept stammt von einem Onkel, und sie hat es ein bißchen abgewandelt. Sie nimmt Aluminiumfolie zum Einwickeln und schiebt das Paket in den Grill. Die Zubereitung ist ganz einfach: Man legt eine dünne Speckscheibe auf die Folie, tut braunen Zucker und kleingeschnittene Zwiebel dazu und ein paar Tropfen Worcestersauce. Die ausgenommene Forelle wird draufgelegt und gesalzen. Dann wiederholt man die Prozedur mit dem braunen Zucker, den Zwiebeln und der Worcestersauce, schlägt die Folie luftdicht drumherum und gibt sie in die vorgeheizte Backröhre. Man serviert die Forelle in der Folie.

Rex Stout hat zumindest den Lesern von Kriminalromanen bewiesen, daß die vielgeschmähte amerikanische Küche mehr als schlichte Hausmannskost, Fast und Junk food zu bieten hat. Darüber hinaus hat er mit Nero Wolfe einen Detektiv alten Stils geschaffen, der – so urteilte Vincent Starrett bereits 1946 in der Encyclopaedia Britannica – «zu einer bleibenden Figur der modernen Mythologie geworden zu sein scheint».

Rex Stout hat ihn zum Helden fast all seiner Kriminalromane gemacht und ihm 1973, zwei Jahre vor seinem Tod, mit dem Nero Wolfe Cookbook ein letztes Denkmal gesetzt.

DIE EUROPÄER

IN DER TAT KANN MAN KEINEM MENSCHEN TRAUEN, DER ESSEN GEGENÜBER GLEICHGÜLTIG IST:

• •

M. Vázquez Montalbán
und die lukullischen Exzesse
seines Privatdetektivs
José «Pepe» Carvalho.

• •

Zu Pepe Carvalhos Haus in Barcelona gelangt man über einen breiten, ungeteerten Weg, der sich zwischen alten, verschnörkelten Villen hindurchschlängelt. Ihr Weiß ist ergraut im Regen der letzten fünfzig Jahre, verziert mit blauen oder grünen Kacheln und überwuchert von Bougainvillea, deren Ranken über die Ränder der Lehmmauern quellen. Das Haus Carvalhos besitzt weder das Alter noch die vornehme Herkunft seiner Nachbarn. Es ist nicht in der Blütezeit von Vallvidrera erbaut worden, sondern in der zweiten großen Epo-

che seiner Geschichte. Carvalho hat es gemietet. Er ist ein großer, dunkelhäutiger Mittdreißiger, der trotz seiner teuren maßgeschneiderten Kleidung etwas verwahrlost wirkt. Pepe Carvalho ist nicht unvermögend. Sein Kontostand weist zur Zeit einen Betrag von 172 000 Pesetas auf. Auf seinem Sparbuch hat er weitere 300 050 Pesetas.

«Das ist für zehn Jahre Arbeit nicht zuviel und nicht zuwenig. Es ist die Garantie, daß ich nach weiteren zehn Jahren eine Million erreicht haben werde und auf meine alten Tage nicht am Hungertuch nagen muß.»

«Sie sind Detektiv. Privatdetektiv. Was nehmen Sie für die Arbeit an einem Auftrag?»

«Ich verlange 2000 Peseten pro Tag während der ersten 60 Tage. Wenn es um einen Versicherungsstreit geht, fordere ich außerdem einen bestimmten Prozentsatz von dem, was ich für meinen Klienten heraushole.»

«Und Sie arbeiten allein?»

«Ja. Aber ich zahle Biscuter rund dreitausend Peseten im Monat und komme für sein Essen auf. Biscuter war Autoknacker aus Leidenschaft und hat insgesamt fünfzehn Jahre im Knast verbracht. Er war dort mein Zellennachbar. Jetzt beaufsichtigt er mein Büro auf der Rambla und kocht auch für mich.»

«Sie waren in Haft?»

«Unter Franco. Als Politischer. Ich war Mitglied der Kommunistischen Partei. Aber das habe ich schon fast vergessen. Genau wie ich vergessen habe, daß ich vier Jahre bei der CIA war.»

«In den Staaten?»

«Als Kennedy Präsident war, ja. Ich habe als Spanischlehrer angefangen, ohne zu wissen, daß die CIA mein Arbeitgeber war. Als ich es dann endlich rauskriegte, hatte die Sache schon angefangen, mir Spaß zu machen.»

«Das ist eine merkwürdige Wandlung.»

«Nicht ungewöhnlicher als die vom CIA-Agenten zum Privatdetektiv. Ich bin nach Barcelona zurückgekehrt und habe eine offizielle Lizenz.»

«Sie haben einmal angemerkt, daß Sie eigentlich aus der Abteilung Essen und Trinken sind.»

«Das ist richtig. Ich bin Exmarxist, Expolyp und Gourmet. Gastronomie und Sex sind die ernsthaftesten Dinge der Welt.»

«Sie sind beiden gleich stark verfallen?»

«Ich habe eine relativ feste Beziehung zu Charo, einem Callgirl. Gelegentlich denke ich, daß ich sie eines Tages heiraten werde. Aber erst, wenn wir alt sind. Sehr alt.»

«Sie gehen aber auch mit Ihren Klientinnen ins Bett.»

«Nicht bevor ich mit ihnen zu Abend gegessen habe. Eine Art Test. Denn in der Tat kann man keinem Menschen trauen, der Essen gegenüber gleichgültig ist.»

«Und wenn Sie mit einer Frau geschlafen haben, ist Ihr erster Gedanke wieder ein Essen. Überbackene Auberginen, Scampi und Schinken zum Beispiel.»

«Das Gericht habe ich aus einem Impuls heraus zubereitet. Es war unorthodox, was die Sauce betraf.»

«Auffällig ist, daß Sie nie mit einem allein zufrieden sind. Was Sie auch tun, immer verbinden Sie es mit einem Mahl oder zumindest mit Reflexionen über Kochen und Kochkunst. Man hat den Eindruck, Sie sind geradezu besessen davon, sich etwas einzuverleiben. Ich zähle einmal auf, was Sie alles beim Fall mit der tätowierten Leiche zu sich genommen haben. Das beginnt mit einem Glas eisgekühltem Wasser, einer halben Tafel Schokolade und einem Schluck Champagner. Dann kastilischer Salat und Nieren in Sherry. Für das Abendessen kaufen Sie sich frischen Seehecht und Seeteufel, eine Handvoll Venusmuscheln und Miesmuscheln und noch ein paar Scampi. Dazu trinken Sie einen Fefinanes, danach eine große Tasse leichten Kaffee. Sie rauchen eine Montecristo Numero l. Am nächsten Morgen machen Sie sich mit einem Espresso wach. Sie bekommen einen Brief, in dem Ihnen Ihr Onkel ein Dutzend Chorizos, zwei Laib Käse und eine Flasche Grappa ankündigt. Bei einem Besuch nehmen Sie den Geruch von gedünstetem Kohl wahr. Ihnen wird eine Rössli angeboten. Ein Kellner serviert Ihnen einen Bitter und ein Schälchen mit gefüllten Oliven. An der Plaza Real verzehren Sie Tapas, gebratene Sardinen, die

Sie mit zwei Liter Bier hinunterspülen. Sie fahren nach Holland, kippen ein paar Genever und wieder Bier, bestellen sich eine Rijstafel und merken an –»

«Daß das zeremonielle Entzünden der Kerzen unter den Tellerchen mich etwas deprimierte – ja, ich erinnere mich. Es war das charakteristische Stimmungstief, das einen befällt, wenn man allein essen muß. Angesichts dieses gefährlichen Gemütszustandes hilft nur eines: reichlich und erstklassig zu essen!»

«Wie gesagt – Sie langen ständig zu und machen es sogar von der jeweiligen Landesküche abhängig, ob Sie einen Fall übernehmen oder nicht. Oder äußern sich zumindest dazu. Madrid –»

«Eine Stadt, die nur ein Eintopfgericht, eine Tortilla und ein paar Kutteln zum kulturellen Erbe der Gastronomie unseres Landes beigesteuert hat.»

«Sie erwähnten auch noch die hervorragenden und spottbilligen Scampi der Casa Abuela.»

«Die gab es 1959, als ich noch dort wohnte.»

«Das Gespräch drehte sich beinahe ausschließlich um irgendwelche Spezialitäten. Und abschließend haben Sie Ihren Auftraggeber zum Essen eingeladen.»

«Zusammen mit meinem Freund und Steuerberater Enric Fuster.»

«Ein ebenso leidenschaftlicher Esser wie Sie.»

«Wir verbringen so manchen Sonntag mit gastronomischen Wettbewerben. Fusters Stärke ist ganz zweifellos die Paella mit Kaninchen, fast ohne Saft zubereitet. In seiner Kammer neben der Küche bewahrt er Büchsen, Gläser und Körbe mit Köstlichkeiten auf, die ihm Verwandte aus Villores mitbringen oder die er selbst auf seinen vierzehntägigen Ausflügen ins Dorf seiner Väter einheimst. Meist gibt es noch Stunden, nachdem wir zu kochen begonnen haben, in der Küche des einen oder der Speisekammer des anderen etwas zu probieren.»

«Nüsse und Mandeln, ein Glas Honig und ein paar raffinierte Pastetchen –»

«In Cognac eingelegte Trüffeln.»

«Und so weiter, und so weiter. Das bleibt nicht ohne Folgen. Sie haben eine Kur machen müssen.»

«Ich hatte kurzfristig das Bedürfnis, mit Trinken, Essen und Rauchen aufzuhören. Ich wollte mal sehen, ob ich von diesen Drogen loskomme.»

«Jetzt sagen Sie es selbst – Drogen.»

«Es war ein Entzug. Angesichts der Aussicht, tagelang nichts anderes als eine Tasse Gemüsesuppe mit Petersilie zur Mittagszeit und ein Glas Fruchtsaft am Abend zu sich zu nehmen, überfielen mich Attacken von Selbstzweifeln. Die – selbstverständlich moralische – Verpflichtung, mindestens zwei oder drei Liter Wasser pro Tag zu trinken, war allgegenwärtig, genau wie das Wasser, in Form von Dutzenden von Flaschen, die in allen Bereichen des Kurbades aufgebaut waren, als genüge schon die Tatsache ihres Vorhandenseins, um das Bedürfnis danach zu wecken.»

«Sie verdankten Ihrer Leber, daß Sie dort waren. Sie haben Unmengen an Alkohol getrunken.»

«Ich habe viel gelebt.»

«Leben heißt also trinken?»

«Warum nicht? – Ich denke nicht darüber nach. Schon vor langer Zeit bin ich zu der Überzeugung gelangt, daß ich zwischen Kindheit und Alter lebe, versehen mit einem ganz persönlichen und nicht übertragbaren Schicksal und einem Leben, das kein anderer für mich leben kann, weder länger noch kürzer, weder besser noch schlechter.»

«Aber Sie reagieren genervt, wenn man Ihnen vorrechnet, wieviel Kalorien 100 Gramm katalanische Blutwurst enthalten.»

«Es ist empörend – 541 Kalorien. Und 50 Gramm Kaviar 70 Kalorien. Eine winzige Kleinigkeit. 1 Seehechtrücken in Cidre 400 Kalorien. Paella mit Meeresfrüchten 700 Kalorien. Selbst in 100 Gramm Reis hat die Natur 371 Kalorien gesteckt, und 100 Gramm des leckersten Brotes, nämlich des ofenfrischen, bringen es auf 380. Dafür kommt ein miserables, widerliches hartes Ei, dieser weiche, blasse Tumor, nicht einmal auf 90 Kalorien, ein gemeiner Fraß, der nach Impotenz der Phantasie schmeckt.»

«Wir müssen nicht dabei bleiben. – Sie haben jetzt ein Buch geschrieben, ein Kochbuch. Es enthält sämtliche Rezepte, die Sie im Laufe der Jahre kreiert haben. Unerwähnt allerdings

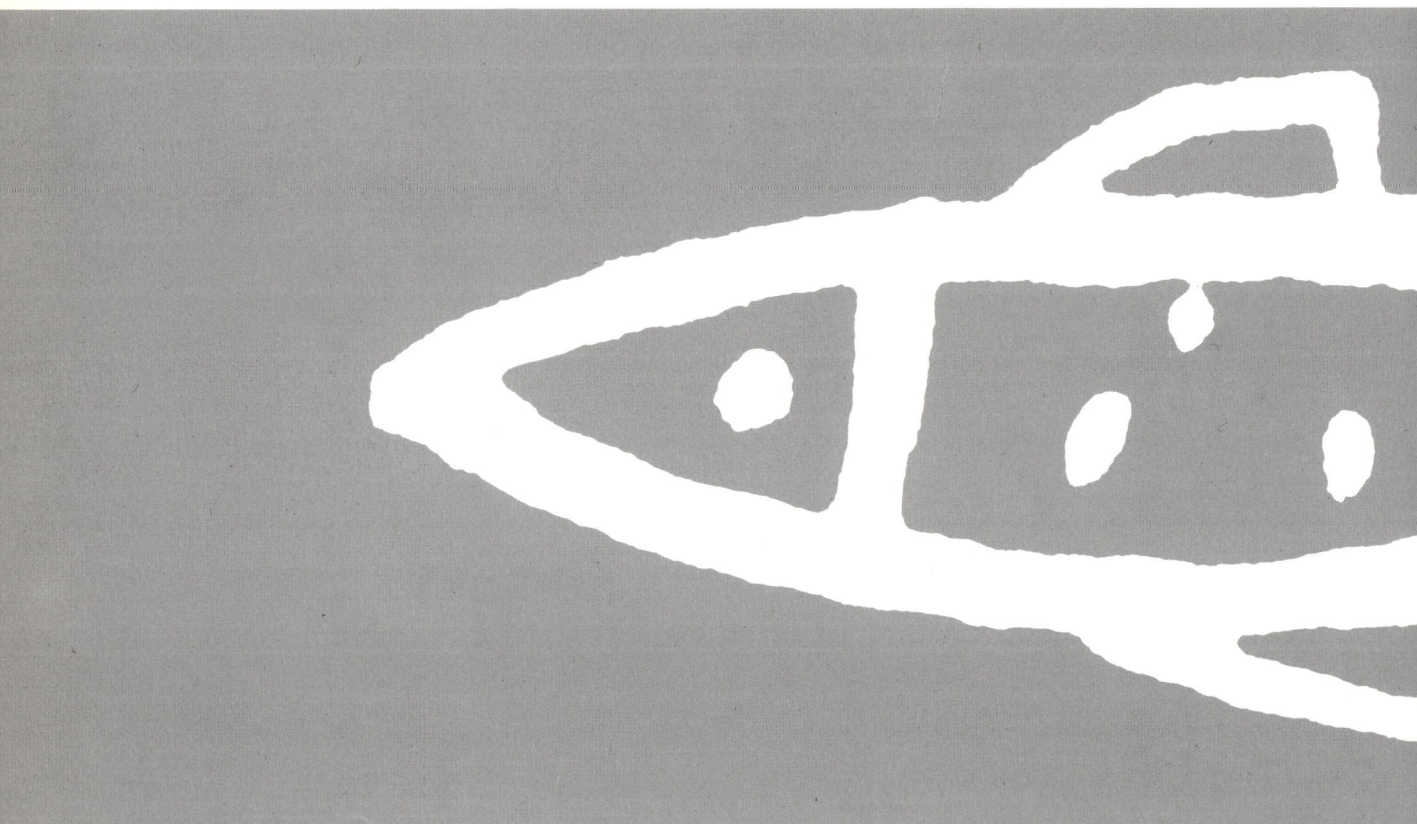

bleibt, was Sie unterwegs, auf einer Ihrer Rei-
sen, gern verzehrt haben. Vor dem Haupt-
bahnhof in Amsterdam.»

«Frischen Hering mit Zwiebeln und Pumpernickel.»

«Ja. – Darf ich Ihnen eine Variation empfehlen? Ein Matjes-Frühstück.»

«Gern. – Ich bin begierig.»

MATJES-FRÜHSTÜCK

**8 MATJESFILETS, 3 SAURE ÄPFEL, 3 MITTELGROSSE ZWIEBELN,
125 G CRÈME FRAÎCHE, 1/8 L MILCH, 150 G MAYONNAISE,
FRISCHGEMAHLENER WEISSER PFEFFER UND PIMENT.**

**Den Matjes in eine Schüssel legen.
Äpfel schälen und entkernen, in feine Scheiben schneiden. Mit
den Zwiebelringen über dem Matjes verteilen. Crème fraîche,
Milch und Mayonnaise vermischen, mit Pfeffer und Piment
abschmecken und über die Filets gießen. Über Nacht
durchziehen lassen und zum Frühstück mit Pumpernickel und
Butter auftischen.**

CROQUE PARIS

Serge betritt die Szene.
Über Delacortas genialen
Verbrecher

Es ist wie in einem der klassischen Western: Der Zug kommt ins Bild, hält an der Station einer Kleinstadt, und aus einem der Wagen steigt ein Mann. Er ist groß, hat die Gesichtszüge eines Asiaten, pechschwarze Augen und einen massiven, runden Kopf. Seine Haare sind bis auf einen Zentimeter kurz geschoren. Er trägt einen schwarz gesprenkelten Anzug aus grauer Alpakawolle. Der Mann durchquert den Wartesaal und tritt hinaus auf die Straße. Die Sonne sticht vom Himmel. Wir glauben, die Musik von Ennio Morricone zu

hören – Spiel mir das Lied vom Tod. Aber die Stadt liegt nicht irgendwo im Westen Amerikas, sondern in der französischen Provinz. Und der Mann hat keinen Colt umgeschnallt, er trägt einen Samsonite-Koffer und am Handgelenk eine Omega made in Hongkong. Der Mann kommt aus Paris und läßt wenig später durchblicken, Kunstmaler gewesen zu sein. Und Fotograf. Er hat Aufnahmen dabei, die er sich immer wieder gern anschaut: «Er betrachtete auf den Bildern die Körper sehr junger, nackter Mädchen. Die Aufnahmen waren zurückhaltend bis aggressiv, es waren zweifellos seine besten. Seine Talente waren bekannt gewesen, und viele Sammler hatten sich an ihn gewandt. Er hatte sie für ein Album zusammengestellt, ein Werk, wie man es nicht mehr finden kann, selbst dann nicht, wenn man mit Gold bezahlte. Eines Tages hatte man ihm mit einem Prozeß gedroht, wegen Verführung Minderjähriger, und er mußte sein Studio schließen. Er hatte wieder angefangen zu malen und hatte vorübergehend in allen möglichen Berufen gearbeitet, um leben zu können. Aber er hatte es nie vertragen können, von jemandem abhängig zu sein.»

RILLETTE
ALS VORSPEISE

●●

**1,5 KG SCHWEINENACKEN, 250 G FRISCHEN SPECK,
250 G ZWIEBELN, 4 LORBEERBLÄTTER, 2 TL SALZ,
5 EL GRÜNER PFEFFER, 3 EL GIN.**

3 Liter Wasser mit Schweinenacken, gewürfeltem Speck,
Zwiebeln, Lorbeerblättern und Salz einmal aufkochen und
ca. 4 Stunden auf kleiner Flamme halten. Eventuell Wasser
(oder auch Weißwein) zugießen. Fleisch aus dem Sud nehmen
und von den Knochen lösen, es mit 2 Gabeln zerfasern. In die
stark eingekochte Brühe geben, mit grünem Pfeffer würzen
und den Gin dazu. Zusammendrücken und im Kühlschrank fest
werden lassen.

KANINCHEN
ALS HAUPTGERICHT

●●

Rücken und die beiden Keulen enthäuten, spicken, salzen und
mit in dünne Scheiben geschnittenen Möhren in Butter
goldbraun braten. Den Bratensatz mit Weißwein ablösen,
mit saurer Sahne verkochen und mit etwas Zitronensaft
abschmecken. Zwei Eßlöffel Dijon-Senf der Sauce beimengen.
Dazu ein leichter Rotwein.

OBST
ALS NACHSPEISE

●●

Geviertelte Birnen, Apfelschnetzel, weiße oder blaue Trauben.

Der Mann heißt Serge Gorodish und ist ein Krimineller. Gleich nach seiner Ankunft in der Provinzstadt beginnt er mit den Vorbereitungen zu einem größeren Coup. Zuerst einmal verwickelt er Ortsansässige in Gespräche, horcht sie geschickt aus. Er erfährt, daß der Bürgermeister ein Faible für die «kleinen Schwestern» hat, für Prostituierte, daß ein Psychoanalytiker bei der Buchhändlerin abgeblitzt ist, der Friseur gemeinsam mit seinem Freund, dem Antiquitätenhändler, gelegentlich minderjährige Burschen verführt. Serge hört auch noch von einem Industriellen und einem Immobilienmakler, und vom Besitzer des Drugstores, der auch das «Cottage» betreibt, ein Luxusrestaurant mit sechs diskreten Zimmern. Das alles notiert er sich und geht dann erst einmal essen.

Nach dem Essen vertieft Serge seine bisherigen Erkenntnisse und sammelt auch in den nächsten Tagen weiteres Material. Schließlich hat er fünfundachtzig Akten über Personen zusammengestellt, die in der Stadt eine Rolle spielen. Jeder von ihnen hat einen dunklen Punkt in der Vergangenheit, ist irgendwann einmal in schmutzige Geschäfte verwickelt gewesen. Serge wird daraus Kapital schlagen. Er kauft Briefpapier und Umschläge, einen Bogen Marken und rüstet sich für eine lange Nacht.

Der Besitzer des «Cottage» ahnt nichts Böses, als der Hausdiener ihm und seiner neuen Gespielin am nächsten Morgen das Frühstück serviert.

«Als er das zarte Blau seines Wedgwood-Teeservices bewunderte, das er für viel Geld bei Luigi da Sallo gekauft hatte, ließ das Mädchen das Badetuch bis zur Taille hinuntergleiten. Eine Geste, die er besonders zu würdigen wußte. Er lächelte ihr zu und biß in den Toast, den er gerade gebuttert und mit einer hauchdünnen Schicht Marmelade bestrichen hatte. Sie nahm drei Stücke Zucker in den Tee, was ihn verstimmte.»

Doch das ist nichts gegen den Brief in der Post, die der Diener mit dem Frühstück gebracht hat. Die Anschrift ist mit der Hand geschrieben: «Das war eigenartig. Er nahm den Umschlag und öffnete ihn mit einem Brieföffner aus getriebenem Silber; dann begann er zu lesen. Er hatte schon einige anonyme Briefe erhalten – es gab viele Neider in einer Kleinstadt –, aber er begriff sofort, daß es diesmal ernst war und er aus dieser Sache herauskommen mußte.»

Auch die vierundachtzig anderen Empfänger sehen sich entlarvt, wissen aber nicht, wie sie zu reagieren haben. Denn Serge Gorodish, der anonyme Briefschreiber, fordert nichts, schlägt kein Geschäft vor. Er hat vorerst nur die Bomben gelegt und wartet nun ab. Nach wie vor geht er in das kleine Restaurant und lädt einen äußerst gesprächigen Journalisten zum Essen ein.

Das Huhn auf Reis schmeckte köstlich, und sie leerten eine Flasche Vosnes-Romanée, Jahrgang 1969. Sie aßen noch einen ausgezeichneten Roquefort, als Nachspeise eine delikate Schokoladencreme und einen

VOR DER ARBEIT

Er brät sich drei Spiegeleier mit geräuchertem Speck. Ein halbes Weißbrot. Drei Tassen Tee dazu.

TEA FOR TWO

Frisch ausgepreßter Orangensaft in Kristallgläsern. Zwei Scheiben frische Ananas. Eier, Garzeit drei Minuten fünfundvierzig Sekunden. Toast, englische Marmelade, Butterflöckchen und chinesischen Lapsang-Souchong-Tee.

HUHN AUF REIS

Ein junges, nicht zu fettes Huhn ausnehmen, auswaschen und trockenreiben. Salz einstreuen, mit 3–4 Salatherzen von Kopfsalat und einer Handvoll frischer Petersilie füllen und zunähen. Den Vogel in dünne Speckscheiben einwickeln, auf den Rost im Bratofen legen und öfter mit dem eigenen Saft begießen. Wenn er anfängt zu bräunen, löffelweise mit kaltem Wasser begießen, vorher aber die Speckscheiben entfernen. Bratzeit ca. 40 Minuten. Dann den Bratensaft abfüllen, mit etwas Mehl bestäuben und mit süßem Rahm glattrühren. Über das Huhn ein Glas Cognac schütten und abbrennen. Auf körnig gekochtem Reis servieren.

MOUSSE AU CHOCOLAT

150 g dunkle Schokolade in Stücke brechen und im Wasserbad schmelzen. 3 Eigelb im Wasserbad schaumig schlagen und 2–3 Eßlöffel Likör nach Geschmack zugeben. Schokolade mit der Eimasse mischen. 1/2 l Sahne steif schlagen, erst 1/3 der Sahne unter die Schokoladen-Eimasse heben, dann den Rest.

HÜHNERCURRY

Grobgeschnittenes Hühnerfleisch in Butter leicht anbraten, mit Mehl und Currypulver bestäuben, Hühnerbrühe und Kokosnußmilch hinzugießen, geriebenen Meerrettich und abgeriebene Zitronenschale beifügen, gar schmoren.

FRÜHSTÜCK FÜR NINA

Eine in Scheiben geschnittene Banane mit einem Eßlöffel Nesquik und 1/8 l Milch im Mixer verrühren. Dazu Toast, Butter und englische Konfitüre.

PETITS PÂTÉS FÜR NINA

4 SARDELLENFILETS, 50 G SCHINKEN, 100 G GEBRATENES FLEISCH (RESTE), 2 EL OLIVENÖL, 1 KNOBLAUCHZEHE, 2 EL GEHACKTE PETERSILIE UND DIE GLEICHE MENGE PROVENCEKRÄUTER, 1 EI, SALZ, PFEFFER, 500 G MÜRBETEIG, 1 EIWEISS, 1 EIGELB.

Sardellenfilets, Schinken und Braten kleinhacken und im erhitzten Olivenöl dünsten. Zerkleinerten Knoblauch, Petersilie und Kräuter zufügen und kalt werden lassen. Mit gequirltem Ei mischen und mit Pfeffer und Salz abschmecken. Den Teig ausrollen, handtellergroße Kreise ausstechen. Die Hälfte der Plätzchen mit Füllung belegen, den Rand mit Eiweiß einstreichen. Die restlichen auflegen und die Ränder gut andrücken. Mit Eigelb bestreichen und mit einer Gabel einstechen. 10–15 Minuten bei 200 Grad goldgelb backen. Lauwarm oder kalt servieren.

Kaffee. Danach genossen sie einen Armagnac vom Jahrgang 1929.

Aber auch wenn Serge allein speist, bevorzugt er Huhn – Hühnercurry bestellt er an einem der folgenden Tage.

Er trinkt dazu eine Karaffe Beaujolais und nimmt als Nachspeise ein Eis Super-Marige-Stromboli-Fudschijama, mit Johannisbeerlikör übergossen. Danach Irish coffee.

Serge Gorodish begnügt sich nicht damit, regelmäßig zu speisen und dabei seine weiteren Schachzüge zu durchdenken. Schon bei der Ankunft hat er sich ein junges Mädchen ausgeguckt – Nina, eine kleine Nymphe, eine Diebin: «Es war etwas Katzenhaftes in ihrem Gang. Sie war jetzt bei der Schallplattenabteilung angelangt, ihrer Lieblingsabteilung, einer der gefährlichsten... Gorodish zwinkerte ihr aufmunternd zu, und sie ließ die Platte in ihre schwarze Plastiktasche gleiten. Dann nahm sie, mit Gorodishs Zustimmung, eine Mappe aufs Korn, die vier Konzerte von und mit Rachmaninow enthielt... Als er wieder aufsah, war Nina verschwunden. Er entdeckte sie etwas weiter in der Buchhandlung. Sie war ganz schön clever, nicht so unschuldig, wie er sie eingeschätzt hatte. Sie stand vor ihm auf der Rolltreppe. Er betrachtete ihre langen Beine, ihre gebräunte Haut, die aus dem naturfarbenen Baumwollkleid hervorschaute. Durch den leichten Stoff zeichnete sich die Form ihrer Hüften ab. Sie hatte den Körper einer Gazelle.» Nina wird Serges Schülerin, seine Komplizin und Geliebte: «Jeder von ihnen hatte erkannt, daß der andere die unerläßliche Ergänzung der eigenen Natur war. Gorodish hatte das Alter, die Erfahrung. Nina hatte die Frische, das Ungestüme, den Ehrgeiz. Sie kannte keine Skrupel, besaß Intelligenz und Feingefühl.»

Serge nimmt sie mit nach Paris. Dort nun lernt Nina den jungen Postboten Jules kennen, der für die schwarze Opernsängerin Cynthia Hawkins schwärmt. Wohin das führt, haben inzwischen Millionen Zuschauer erleben können – «Diva», die zweite Geschichte mit Serge und Nina, wurde von Jean-Jacques Beineix erfolgreich verfilmt. Er hat aus der Romanvorlage des unter dem Pseudonym Delacorta schreibenden Daniel Odier ein ironisch-verwirrendes Spiel inszeniert, faszinierende Bilder gefunden. Auch hier greift Serge genial in das Geschehen ein. Die Jagd nach zwei brisanten Tonbändern bringt ihm letztendlich die Konfrontation mit einem Gangster, für den er einst gearbeitet hat. Serge Gorodish ist ihm längst weit überlegen. Er hat seine kriminelle Energie zur Kunst stilisiert, ist auf dem Gebiet des kühl-kalkulierten Zugriffs ein unübertroffener Meister. Nie macht er sich im eigentlichen Sinne die Hände schmutzig, denkt vielmehr lange nach und lenkt seine Opfer dann dorthin, wo sie sich selbst ans Messer liefern. Er ist ein Ästhet – in allem. Selbst wenn er Nina versorgt, zeigt er Stil, serviert ein eher spartanisches Frühstück zu klassischer Musik, einem Horowitz-Konzert.

In dem Kultfilm «Diva» wird Serge Gorodish zudem noch als jemand gezeigt, der über die richtige Art, ein Baguette zu schneiden und mit Butter zu bestreichen, philosophiert. Sein Croque Monsieur ist als kleine Zwischenmahlzeit gedacht.

Auf «Diva» folgt «Luna», und in diesem Roman läßt Delacorta seinen Helden die Übersicht verlieren. Nina wird entführt und von einem Verrückten dazu gezwungen, sich als Libelle zu kostümieren. Sie «hatte sich das Futteral übergestreift und die Korsage angezogen. Die langen Handschuhe, die Flügel, die Haube mit den grauenhaften, ungeheuerlichen Facettenaugen. Die Absonderlichkeit des Kostüms ließ sie erschaudern. Sie drehte sich zum Spiegel um und stieß einen heiseren, verzweifelten Schrei aus.»

Sie schreit nach Serge. Aber der braucht lange, bis er ihr Versteck aufgespürt hat und seine

ROASTBEEF MIT GEMÜSEPÜREE

• •

Bei Gargantua bestellte Serge geräucherten Lachs, ein Roastbeef mit Gemüsepüree als Beilage, einen Schokoladenkuchen für Nina, ein Pflaumensorbet für sich selbst, außerdem Champagner und einige Flaschen Savigny-les-Beaunes.

600 G ROASTBEEF, SALZ, FRISCH GEMAHLENER PFEFFER, 1 TL SENF, 4 EL ÖL, 2 CL WEINBRAND.

Roastbeef unter fließendem Wasser abspülen und trockentupfen. Fettschicht einritzen. Das Fleisch mit Salz und Pfeffer einreiben. Mit Senf bestreichen. Ein großes Stück Alufolie mit Öl einfetten. Den Braten darauflegen, mit Weinbrand und dann mit dem restlichen Öl beträufeln. Locker in die Folie wickeln und gut verschließen. Auf ein Backblech und im vorgeheizten Ofen bei 220 Grad 20 Minuten braten. Die Folie öffnen, das Fleisch häufig mit Bratfond begießen und weitere 10 Minuten braten. Dann herausnehmen und erkalten lassen, in dünne Scheiben schneiden.

GEMÜSEPÜREE

• •

400–500 G GEMÜSE DER SAISON, 1/8 L FLEISCHBRÜHE, SALZ UND PFEFFER.

Das Gemüse kleinschneiden, mit der Fleischbrühe zum Kochen bringen und je nach Gemüseart 5–10 Minuten dünsten lassen. Durch ein Sieb streichen oder mit dem Pürierstab pürieren. Erbsen mit frischer Minze abschmecken. Blumenkohl mit Muskat würzen. Rote Bete mit Zitronensaft, Möhren mit Orangen verfeinern.

CROQUE MONSIEUR

••

2 EIER, 200 G GERIEBENER GRUYÈRE-KÄSE,
1/2 TL MITTELSCHARFER SENF, 1 PRISE CAYENNE-PFEFFER,
BUTTER, 4 DICKE SCHEIBEN GEKOCHTER SCHINKEN,
TOMATE UND PETERSILIE, 1/2 BAGUETTE.

Eier schaumig rühren. Käse, Senf und Pfeffer druntergeben.
Baguette aufschneiden und eine Hälfte gut mit Butter
bestreichen. Die gerührte Masse auf die andere Hälfte.
Schinken auflegen, mit Tomatenscheiben bedecken und beide
Hälften zusammenklappen. Im Backofen bei mittelerer Hitze
aufbacken und mit einer weiteren geachtelten Tomate und
Petersiliensträußchen servieren.

Geliebte befreien kann. Diesmal muß er tätig werden, handeln. Hat er sich anfangs, in der Provinz, als kühler Kopf in Szene gesetzt, in Paris dann bestechend all sein Wissen über menschliche Schwächen ausgespielt, greift er nun zur Waffe. Damit hat er seinen Endpunkt erreicht: «Der Peugeot 504 raste durch die Nacht. Serge rauchte mehrere Zigaretten und versuchte, die entsetzlichen Gedanken, die in seinem Kopf kreisten, zu vertreiben. Mehrmals war er gezwungen, anzuhalten, weil Tränen seinen Blick verschleierten und die Straße vor seinen Augen verschwamm.»

In ihm ist etwas zerbrochen. Er hat das Gefühl, nie wieder irgendwo anzukommen.

EIN MORD GEHÖRT DAZU
WIE DER ANKEN AUFS BROT

●●●●●●●●●●●●●●●●●●●●●●●●●●●●

Wachtmeister Studer hockt ab

●●●●●●●●●●●●●●●●●●●●●●●●●●●●

Der schwarz gekleidete Mann nahm den Kleinen auf seinen Arm. Der Junge spürte, daß der Bärtige ihn nur mit Mühe trug. Der Vater setzte seinen Sohn vor einem alten Haus ab. Es war ein Wirtshaus. Der müde Mann bestellte mit dumpfer Stimme «eine wasserklare Flüssigkeit, die scharf roch», wird später in den autobiographischen Aufzeichnungen des Friedrich Glauser zu lesen sein. «Mensch im Zwielicht» betitelte er sie, und der Text beginnt mit den Sätzen: «Es gibt Erinnerungen, die wie schillernde Blasen sind. Nach vielen Jahren steigen sie plötzlich auf in einer Nachtstunde, wachsen und wachsen, wollen nicht zerplatzen, sondern blenden die Augen unter den geschlossenen Lidern. Und doch hat man diese Erinnerungen manchem erzählt – vielleicht nur, um sie loszuwerden.» Friedrich Glauser hat aufgeschrieben, was er durchlebt und erlitten hatte. Er ist 1896 in Wien geboren, stammte aus einer sogenannten «guten Familie». Der Vater, ein Dr. phil., war Professor an der Handelsakademie, Mitglied der k. k. Prüfungskommission für das Lehramt an höheren Handelsschulen. Von der Mutter heißt es, sie sei eine «fein veranlagte Natur gewesen». Sie sang und spielte, tanzte oft mit ihrem Buben. Im September 1900 starb sie an einer Blinddarmentzündung. Der Vater begann zu trinken. Nachts hörte der Kleine in seinem Bettchen, wie nebenan im Speisezimmer der Flaschenhals an den Rand eines Glases scheppere. Weingeruch wehte durch die offene Tür zu ihm herüber. Manchmal konnte er nicht einschlafen, weil der Müde schnarchte. Ein Vater, der seinen Schmerz betäubte. Wahrnehmungen, erste Erfahrungen eines Jungen, der selbst bald fliehen wird – vor anderen und vor sich selbst. Vor vermeintlichen und tatsächlichen Schwierigkeiten. Als er zehn ist, schimpfte der Vater ihn einen Lügner, weil er abstritt, sich über einen Braten hergemacht zu haben. Dreihundertmal mußte er schreiben: «Wer hat das Fleisch gestohlen?» Und dann eine Viertelstunde Laufschritt im Hof: «Eins, zwei, drei, vier…» Der Vater hatte wieder geheiratet, war zum Abstinenzler geworden und predigte innere und äußere Sauberkeit. Forderte absoluten Gehorsam und Disziplin. Der dreizehnjährige Friedrich Glauser flüchtete über die Grenze nach Ungarn, wurde eingefangen und festgesetzt: «Es stank arg in dem Verlies – verzeih das romantische Wort –, in dem Kotter, wenn du lieber willst. Und doch spürte ich weder Angst noch Ekel. Der Wärter wollte mich wieder mitnehmen – ich, als Direktorensohn, sollte doch nicht mit Vaganten zu Nacht essen – aber ich wollte bleiben. Schließlich gab mir der Mann einen Napf, und ich aß mit den Menschen, die man gemeinhin Gesindel nennt. Was willst du, das ist so gewesen, ich kann nichts dafür. Ich fühlte

KARTOFFELSUPPE

●●●●●●●●●●●●●●●●●●●●●●●●●●●●

Geschälte Kartoffeln in Salzwasser halbgar kochen, in kräftiger Fleischbrühe weichkochen und durch ein Sieb streichen, mit Fleischbrühe auffüllen. In Streifen geschnittene Rinderbrust und gesondert gekochte, gewürfelte Kartoffeln, Mohrrüben und Knollensellerie hinzufügen, etwas Sahne und Butter unterrühren, mit gehackter Petersilie servieren.

eine Zugehörigkeit zu den Leuten, hier war man nicht allein, Lärm gab es und Gesang und Flüche, die ich nicht verstand. Noch merkwürdiger vielleicht ist es, daß die Leute mich als einen der ihren ansahen.»

Eine so kräftige und schmackhafte Suppe wird es nicht gewesen sein. Was seit jeher in den Gefängnissen ausgeteilt wird, ist «dünne Suppe, Brot…». Friedrich Glauser hat es mehrfach in seinen Geschichten und Romanen erwähnt. Er war oft, sehr oft in Haft. Und in Anstalten und Irrenhäusern. Nach seiner ersten Flucht, der Festnahme und Rückführung, war auch seine Schulzeit im Wiener Gymnasium beendet. Der Vater entzog «das Kind dem gefährlichen Boden der Großstadt», brachte seinen Sohn in das Schweizer Landeserziehungsheim Glarisegg bei Steckborn am Bodensee. Alter: 14 Jahre. Gewicht: 41,65. Größe: 153. Brustumfang: 73/63. Das notierte der Vater. Ein Glarisegger Lehrer resümierte: «Es war etwas angefault in ihm; es trieb ihn ein unseliger Hang zu frivolem Spiel mit allem, was innern Lebenswert hatte, mit dem Leben selbst; wie er sich dann einmal mit Äther so betäubte, daß er – ich glaube 24 Stunden bewußtlos lag und man an seinem Aufkommen zweifelte.»

Äther- und Alkoholexzesse in der Enge des Erziehungsheims, Ausbruchsversuche. Ein erster Selbstmordversuch. Für das Heim wurde der Schüler Friedrich Glauser «untragbar». Die nächsten Stationen waren das Collège de Genève und die Rekrutenschulen in Thun und Interlaken. 1916 tauchte er in Zürich auf, schloß sich den Dadaisten an und lebte «liederlich und ausschweifend». Er nahm an Veranstaltungen und Aktionen teil: «Meine Spezialität war es, Sprachensalat zuzubereiten. Meine Gedichte waren deutsch und französisch. Ich erinnere mich nur an einen Vers – Verzahmt und verheert/sont tous les bouquins. Zufällig war an dem Abend, an dem ich dies vortrug, J. C. Heer anwesend. Er war so beglückt über die Anspielung auf seinen Namen, daß er mich am nächsten Abend zum Essen in die Äpfelkammer einlud. Ich bekam Froschschenkel vorgesetzt, und Herr Heer war ein guter Weinkenner.»

In Zürich aber kam Friedrich Glauser auch an die Droge, an das Morphium, das «Mo», wie er es fortan nannte. Er wurde süchtig. Der

FROSCHSCHENKEL, ÜBERKRUSTET

● ●

Froschschenkel und Champignonscheiben in Butter und etwas Weißwein gar dünsten. Die Keulchen entbeinen, das Fleisch und die Pilze in eine feuerfeste Form füllen, mit Mornaysauce bedecken und geriebenes Weißbrot darüberstreuen. Mit zerlassener Butter beträufeln und im Backofen überbacken.

RISOTTO

● ●

1 GEWÜRFELTE ZWIEBEL, 1 GEPRESSTE KNOBLAUCHZEHE, 20 G BUTTERSCHMALZ, 350 G RISOTTO-REIS, 100 CCM TROCKENER WEISSWEIN, 1 L FLEISCHBRÜHE, ENTFETTET, SALZ, PFEFFER, 100 G PARMESANKÄSE, FRISCH GERIEBEN.

Zwiebel und Knoblauch im Butterschmalz andünsten. Reis zugeben, in 2 Minuten glasig dünsten. Wein zugießen und unter Rühren ankochen lassen. Nach und nach mit kochender Brühe auffüllen. Aufkochen und nach 2 Minuten wieder auf kleiner Flamme 15 – 20 Minuten quellen lassen. Reis zwischendurch umrühren. Mit weiterer Butter und Käse verfeinern. Risotto kann mit allen möglichen Gemüsen, Fleisch, Fisch oder Geflügel zubereitet werden.

Vater entmündigte ihn. Mit den Künstlerfreunden Hugo Ball und Emmy Hennings reiste Glauser ins Tessin: «Wir schwiegen meistens zu dritt, es war so nötig nach dem Trubel in Zürich. Abwechselnd kochten wir.»

Sie aßen sehr oft Risotto.

Die ruhige Zeit in der Abgeschiedenheit dauerte nicht lang: «Im November 1919 begann ich neuerdings, Mo. zu nehmen. Im April 1920 versuchte ich vergebens, eine Entwöhnung durchzumachen. Ich konnte nicht widerstehen und verschaffte mir Mo. ... Am 1. Juli wollte ich mich nach Zürich begeben, wurde irrtümlicherweise des Velodiebstahls in Bellinzona angeklagt; infolge einer Nervenkrise beging ich in der Zelle einen Selbstmordversuch.»

Neun Tage verbrachte er dann im Inselspital Bern, sechzehn Tage auf der Irrenstation Hollingen, zwei Monate in der Anstalt Burghölzli. Im Oktober 1920 wurde er entlassen: «Unsere Untersuchungen und Beobachtungen Glausers haben ergeben, daß es sich bei ihm um einen haltlosen, willensschwachen Menschen handelt, bei dem gegenwärtig keine Anzeichen von Geisteskrankheit festzustellen sind. Er verfügt über einen gut entwickelten Intellekt mit einer großen schriftstellerischen Begabung.»

Bevor aber die zum Tragen kam, brauchte es noch Jahre. Erst einmal wurde Friedrich Glauser von seinem Vater in die Fremdenlegion abgeschoben. Im Araberviertel von Bel-Abbès, im «Village nègre», dem Dorf der «billigen Lust», rauchte er Haschisch und kehrte nach Verzehr einer Haschkonfitüre in die Garnison zurück: «Um sechs Uhr wurde bei uns zu Nacht gegessen. Es gab Schafragout und weiße Bohnen, daran erinnere ich mich noch genau, und ich aß viel, denn ich hatte Hunger.» Auch dieses Legion-Essen wird nicht gerade mit viel Phantasie zubereitet worden sein. Der Hinweis aber gibt Anlaß, Gerichte der arabischen Küche vorzustellen.

RISOTTO MIT PILZEN
· ·

1 EL OLIVENÖL, 10 G BUTTER, 1 GEHACKTE ZWIEBEL, 1 GEPRESSTE KNOBLAUCHZEHE, 240 G RUNDKORNREIS, 20 G GETROCKNETE STEINPILZE (EINE STUNDE IN LAUWARMES WASSER EINGELEGT) 100 CCM TROCKENER WEISSWEIN, 750 CCM GEWÜRZTE HÜHNERBRÜHE, ETWAS FEINGEHACKTEN ROSMARIN, JE 1 FEIN GEHACKTER ZWEIG MAJORAN UND OREGANO, 50 G FRISCH GERIEBENER PARMESAN.

Öl und Butter erhitzen, Zwiebel und Knoblauch mit dem Reis andünsten, bis der Reis glasig wird. Die Pilze einen Moment mit erhitzen, mit Wein ablöschen und verdampfen lassen. Das Einweichwasser der Pilze durch einen Papierfilter gießen, Flüssigkeit auffangen und der Hühnerbrühe zufügen. Dem Reis die Brühe unter ständigem Rühren nach und nach dazugeben, bis er al dente gekocht ist. Mit den Kräutern und dem Käse abschmecken.

GEWÜRZTES LAMMFLEISCH
· ·

1 1/2 KG LAMMFLEISCH, 3 ZWIEBELN, 2 EL BUTTERFETT, 100 G PISTAZIENKERNE, 100 G SULTANINEN, 1/2 TL SCHWARZE PFEFFERKÖRNER, 5 NELKEN, 1 TL ROSENPAPRIKA, 1 TL KURKUMA, 1/2 TL GERIEBENER MUSKAT, 1/2 TL KORIANDER, 1/4 TL ZIMT, 5 EL ROSENWASSER, ETWAS SAFRAN UND SALZ.

Fleisch waschen, trockentupfen und in kleine Würfel schneiden. In einen Topf mit 1 1/2 l Wasser geben und bei geschlossenem Deckel 45 Minuten kochen lassen. Alle Zutaten bis auf Rosenwasser und Safran zufügen und mit leicht aufgesetztem Deckel weitere 45 Minuten kochen, bis die Sauce eingedickt ist. Safran in Rosenwasser auflösen und vor dem Servieren über das Fleisch träufeln.

WEISSE BOHNEN IN SCHARFER SAUCE

500 G GETROCKNETE WEISSE BOHNEN, 2 EL BUTTERFETT,
1 ZWIEBEL, 5 KNOBLAUCHZEHEN, 1–3 PFEFFERSCHOTEN,
1/2 TL KÜMMEL, 1/4 TL KARDAMOM, 1/4 TL SAFRAN,
2 FLEISCHTOMATEN, 2 EL TOMATENMARK,
1 BUND KORIANDERBLÄTTER, SALZ.

Bohnen waschen und über Nacht einweichen. Mit dem
Einweichwasser in einen Topf geben und 1 Stunde köcheln
lassen. Butterfett in einer Pfanne erhitzen. Zwiebeln in Würfel
schneiden und darin glasig werden lassen. Knoblauchzehen
und Pfefferschoten fein hacken und mit den Gewürzen und Salz
dazugeben. Unter ständigem Rühren anbraten. Tomaten kleinschneiden, Tomatenmark mit etwas Bohnenbrühe verrühren.
Alles in den Topf geben und noch etwa 30 Minuten schmoren
lassen. Korianderblätter fein hacken und darüberstreuen.

HASCHKONFITÜRE

«Dann ging Mammut wieder an den Wandschrank, kam zurück mit einer Handvoll grüner
Blätter, die er zerrieben in einen alten Teetopf schüttete; dann vermischte er sie mit entkernten
Datteln, zermahlenen Erdnüssen und Honig. – ‹In zwei Wochen›, sagte er, ‹darfst du die Konfitüre kosten, nicht früher… Es war etwa drei Uhr, als ich die Mixtur schluckte. Sie schmeckte
körnig, würzig und roch ein wenig, ein ganz klein wenig nach faulem Fleisch.»

Was nach dem Verzehr mit Glauser geschah, können Sie in seiner Erzählung «Kif» nachlesen.
Zwei Jahre blieb Friedrich Glauser in der Fremdenlegion, kehrte über Paris und Belgien, wo er
sich als Tellerwäscher und Kohlenkumpel durchgeschlagen hatte, in die Schweiz zurück. In der
Gartenbauschule Oeschberg bei Bern machte er sein Gärtnerdiplom, verliebte sich in eine junge
Tänzerin und hatte ein paar relativ gute Jahre. Doch von der Droge kam er nie gänzlich ab,
wurde wieder interniert, festgesetzt. «Die Zahl der Internierungen, der Entwöhnungskuren, der
verschiedenen Katastrophen in meinem Leben festzustellen, deren Dauer und Daten aufzuzäh-
len, ist unwichtig», schrieb er in seinem Lebenslauf beim Eintritt in die Heilanstalt Waldau.
«Notwendiger scheint es mir zu sein, kurz anzudeuten, was ich noch erhoffe. Ich glaube, daß ich
die verschiedenen Erfahrungen, die ich in der Fremdenlegion, in Witzwil, als Arbeiter gesam-
melt habe, bis jetzt noch nicht richtig verwertet habe. Es würde sich darum handeln, diese
Erkenntnisse (wenn es sich wirklich um solche handelt) mit einem Inhalt zu füllen, statt nur

sachlich über sie zu berichten. Was ich bis jetzt geschrieben habe, halte ich für Übungen, mit zwei oder drei Ausnahmen. Es ist mir, auch wenn es mir ganz schlecht gegangen ist, immer gewesen, als hätte ich etwas zu sagen, etwas, was außer mir keiner imstande wäre auf diese Art zu sagen.»

Und so begann er denn in der Waldau mit den Romanen, die heute seinen Ruhm ausmachen, ihn im nachhinein zu einem der bedeutendsten deutschsprachigen Kriminalromanautoren werden lassen. Mit einer Figur, der er all das zuschrieb, was ihm der Vater und Lehrer, Beamte und Ärzte nicht gaben – Verständnis, Liebe, das Gefühl, so einen wie ihn nicht auszugrenzen, sondern sich seiner anzunehmen: der Fahnderwachtmeister Studer. «Er braucht gar nicht findig und geschickt zu sein. Es genügt, wenn er über Einfühlungsvermögen und einen gesunden Menschenverstand verfügt. Vor allem aber: Er muß uns nahegebracht werden und nicht mehr in jenen fernen Höhen schweben, in denen man nach einem Regen trocken bleibt und in der alle Rasierklingen tadellos schneiden.»

Schon in einer ersten Erzählung ließ Friedrich Glauser seinen Mann ein wenig fluchen: «...nicht allzusehr, obwohl es vom Himmel schüttete und ein durchaus unangenehmer Herbstwind pfiff. Außer dem Wetter störte den Kommissär einzig die Rösti, die seine Frau ihm am Morgen vorgesetzt hatte. Denn auf die Rösti am Morgen hielt er, der Kommissär Studer; sein Vater, der im Emmental Bauer gewesen war, hatte sie am Morgen gegessen, sein Großvater auch; warum sollte er eine Ausnahme machen? Aber daß man alt wurde, war eben eine Tatsache, die Verdauung funktionierte nicht mehr wie früher, man bekam Sodbrennen von der Rösti.»

Sechs Wachtmeister-Studer-Romane schrieb Friedrich Glauser und noch einige Kurzgeschichten mit dem großen, kräftigen Mann, der sich gern in Wirtshäusern aufhielt und den Leuten zuhörte, bevor er dann tätig wurde. Natürlich sind es Morde, die er aufzuklären hatte, und ein Schuldiger gehörte dazu «...wie der Anken aufs Brot. Sonst reklamieren die Leute.» Der Anken aber, die Butter, war nie das eigentlich Ausschlaggebende. Glausers Interesse galt denen, die Opfer geworden waren, sich verstrickt hatten und nicht mehr weiter wußten. Seine Kriminalromane verstand er als eine Möglichkeit, «vernünftige Ideen zu propagieren».

«Ich möchte probieren, ob es nicht möglich ist, ohne sentimentalen Himbeersirup, ohne sensationelles Gebrüll Geschichten zu schreiben, die meinen Kameraden, den Gärtnergehilfen, den Maurern und deren Frauen, den Versicherungsbeamten und Reisenden – kurz, der großen Mehrzahl – gefallen, weil sie span-

RÖSTI

●●●●●●●●●●●●●●●●●●●●●●●●●●●●●●

(FÜR 4 PERSONEN) 1000 G PELLKARTOFFELN, SALZ, 50 G BUTTER.

Pellkartoffeln schälen, gut auskühlen lassen. Grob in eine Schüssel raffeln und salzen. Die Hälfte der Butter in einer Pfanne erhitzen. Die Kartoffeln hinzugeben. Die erste Röstiseite bei schwacher Hitze in 25 Minuten goldgelb werden lassen. Dabei die Kartoffelstückchen mit dem Bratenwender zusammendrücken. Aus der Pfanne heben und restliches Fett erhitzen. Die Rösti auf der zweiten Seite ebenfalls 25 Minuten braten. Im Emmental werden zuerst zwei gewürfelte Zwiebeln glasig gebraten und die fertige Rösti mit zwei dicken Scheiben Emmentaler Käse belegt und im heißen Backofen ca. 3 Minuten überbacken.

TRIPES À LA MODE CAEN

Ein berühmtes französisches Kaldaunengericht.
Geschnittene Zwiebeln, Mohrrüben und Porreestangen, einen
zerschlagenen Kalbsfuß, kleingeschnittene, frische Kaldaunen
mit einem Kräutersträußchen in eine große Kasserolle geben.
Mit Salz, Pfeffer und der zerdrückten Knoblauchzehe würzen,
rohes Rindernierenfett hinzufügen und mit Apfelwein
auffüllen. Dicht verschlossen im Ofen etwa 10 Stunden
weichschmoren, das Fett abgießen, Knochen und
Kräutersträußchen entfernen. Mit Weißbrot servieren.
Danach einen Camembert.

KALBSBRIESFRIKASSEE

Mehl in Butter hellbraun schwitzen, mit Fleischbrühe ablöschen
und auffüllen, gut durchkochen. Eigelb mit Weißwein
verquirlen, zur Sauce geben, darin kleine Kalbsbrieswürfel gar
ziehen lassen. In Pasteten füllen und erhitzen. Mit Dill
garnieren.

DEUTSCHES BEEFSTEAK

1–2 Zwiebeln fein hacken, in Butter anschwitzen. Eine
altbackene Semmel einweichen, gut ausdrücken.
500 g Hackfleisch (halb Rind-, halb Schweinefleisch), Zwiebel
und Semmel zusammen mit einem Ei, Salz und Pfeffer
durcharbeiten. Aus der Masse flachrunde Steaks formen und in
Butter braten. Mit goldgelb gebratenen Zwiebeln bedecken,
Bratenbutter darübergießen und mit gehackter Petersilie
bestreuen.

nend sind und doch so geschrieben sind, daß auch Leute, denen (wie Anton Karlowitsch Ferge aus dem Zauberberg) alles Höhere fremd ist, sie verstehen.» Verstanden wurden und werden seine Romane nicht zuletzt deshalb, weil Friedrich Glauser von sich erzählte, von seinen Erlebnissen und Erfahrungen. Der Wachtmeister Studer geht die Wege, die er im Verlauf der Jahre gegangen ist, hat in offenen und geschlossenen Anstalten zu tun, auch in Paris und in der Fremdenlegion. In Paris nahm Wachtmeister Jakob Studer mit seinem französischen Kollegen ein Nachtmahl ein: «Der Beizer stellte eine braune Terrine mit Kutteln auf den Tisch.»

Gegen Ende des Romans «Der Chinese» – das Kapitel ist mit «Unterbruch eines Mittagessens...» überschrieben – ließ der Wachtmeister sich Milkenpasteten servieren, bevor er auf den Tisch legte, was er ermittelt hatte.

In «Matto regiert» gibt es auch «Ein Mittagessen»: «Die Küchenmädchen verschwanden, unfeststellbar wohin, und die dicke Person weiblichen Geschlechts, die so unhörbar zu rollen verstand, trat unter die Tür und nickte dem Wachtmeister zu. Studer grüßte lächelnd zurück. Die Wangen der Frau waren rot und glänzend wie reife Tomaten... Sie sei die Jungfer Kölla, und ob der Wachtmeister nicht eintreten wolle?... Er solle mit ihr zu Mittag essen, sie werden ihm ein Beefsteak braten...»

Der Wachtmeister langte zu. Friedrich Glauser hat seine Figur mit einem gesunden Appetit ausgestattet – diesen Mann in grauem Flanell unter dem weiten Regenmantel, mit einem schwarzen Filzhut auf dem Schädel, die Brissago im Mund. Ein Fahnder, der dicht an ihm blieb, ihn stellte und auf die eigene Geschichte brachte. Friedrich Glausers Leben endete am Vorabend der geplanten Hochzeit mit Berthe Bendel, Lebensgefährtin der letzten Jahre. Sie berichtete: «Wir haben zusammen zu Nacht gegessen. Er hat nicht etwa geklagt, plötzlich legt er seine Hand auf meinen Arm und sinkt zusammen. Ist nicht mehr erwacht, hat kein einziges Mal mehr ein Aug bewegt, aber noch 30 Stunden lang geatmet. Wir haben alles versucht, umsonst.»

Friedrich Glauser starb in den ersten Stunden des 8. Dezember 1938 in Nervi bei Genua. Sein Wachtmeister Studer ist inzwischen zu einer Kultfigur geworden, wurde auch kopiert – in seiner Haltung, seiner Sicht auf die Dinge hat Friedrich Dürrenmatts Kommissär Bärlach viel vom Jakob Studer. Ein Vergleich ist allemal aufschlußreich. Zeit dafür ließe sich bei der berühmten «Henkersmahlzeit» aus Dürrenmatts «Der Richter und sein Henker» nehmen.

Erstarrt blieb Tschanz stehen: der Tisch war feierlich für zwei Personen gedeckt. In einem Leuchter brannten Kerzen, und an einem Ende des Tisches saß Bärlach in einem Lehnstuhl, von den stillen Flammen rot beschienen, ein unerschütterliches Bild der Ruhe.

DAS GROSSE FRESSEN DES ALTEN

• •

Der erste Gang: Eine Vorspeisenplatte mit Sardinen, Krebsfleisch, Lachs, Gurkensalat, Tomaten, Erbsen. Kalter Braten und Hühnerfleisch. Garniert mit hartgekochten Eiern und Mayonnaise. Der zweite Gang: Pasteten gefüllt mit Gänseleber, Schweinefleisch und Trüffel. Der dritte Gang: Kalbskotelett mit Reis und Pommes frites und grünem Salat. Der Abschluß: verschiedene Käsesorten, Radieschen, Salzgurken und Perlzwiebeln.

TAFELFREUDEN IM DORFKROG

Poul Ørum läßt Jonas Mørck
und Knut Ejnarsen Platz
nehmen

«Wohin gehst du?» – «Ich will mir einen amerikanischen Klappspaten besorgen», sagte Kriminalkommissar Jonas Mørck, stellte seine Hausschuhe in die Diele und zog sich die Schuhe an. Seine Frau sah ihm durch die Küchentür zu. Sie stand am Ausguß und schälte Kartoffeln. «Was willst du besorgen?» fragte sie. – «Einen Klappspaten.» – «Einen was? Soll das ein Spaten sein, den man zusammenklappen kann?» – «Ja. Ich habe den Spaten in einer Anzeige des American Store gesehen. So ein Klappspaten ist nämlich genau das, was ich

brauche. Nur fünfzehn Kronen. Das ist gerade noch zu verkraften.» – «Wofür braucht man
ihn?» – «Um Schützenlöcher auszuheben, nehme ich an. Aber ich will damit nach Würmern
buddeln. Ein sehr praktisches Gerät – besser als wenn man eine Schaufel mit an den Strand
schleppt.» – «Ich verstehe nicht, daß du das kannst», sagte sie und dachte an das Aufspießen der
Würmer auf den Haken. «Ich könnte mich nicht einmal überwinden, die Biester auch nur anzu-
rühren.» – «Was hast du denn gegen sie?» – «Ach, nun hör schon auf», sagte sie. Wenn sie in
ihrem Häuschen an der Nordsee Ferien machten – und sie wollten am folgenden Tag dorthin
fahren –, nahm er immer gern die Gelegenheit wahr, sich in bescheidenem Umfang als Angler zu
betätigen. Er ging dann immer bei Ebbe hinaus, spannte eine Schnur zwischen zwei Stöcken und
befestigte daran eine Anzahl Haken, an denen die Sandwürmer aufgespießt waren, die er vorher
ausgegraben hatte. Manchmal fing er ein oder zwei Flundern. Seine Frau war nur ein einziges
Mal dabeigewesen, als er seinen Fang von den Haken abnahm. Sie war aber schnell fortgegan-

GRÜNKOHL MIT PINKEL

● ●

(für 6 Personen) Grünkohl schmeckt am besten, wenn er Frost bekommen hat. Erhältlich ist er in den Monaten November bis März.

2 KG GRÜNKOHL, 2 ZWIEBELN, 60 G SCHWEINESCHMALZ, 2 EL HAFERFLOCKEN, 500 G FRISCHER DURCHWACHSENER SCHWEINEBAUCH, 500 G KASSELER, 1 KOCHMETTWURST, 1 GROSSE PINKELWURST, SALZ, PFEFFER.

Den Grünkohl von den Blattrippen lösen und gründlich waschen. Kurz in kochendes Wasser geben. Auf einem Sieb gut abtropfen lassen und grob hacken. Die Zwiebeln in Würfel schneiden. Das Schmalz in einem großen Schmortopf erhitzen und die Zwiebeln darin glasig dünsten. Den Kohl hinzufügen, unter Rühren zusammenfallen lassen und mit den Haferflocken vermischen. Mit einem halben Liter kochendem Wasser aufgießen. Den Schweinebauch auf das Gemüse legen und zugedeckt zwei Stunden bei mittlerer Hitze kochen lassen. Bei Bedarf Flüssigkeit zugeben. Nach einer Stunde das Kasseler und die Kochmettwurst zufügen. Nach einer weiteren halben Stunde die Pinkelwurst auf das Gemüse legen. Zum Schluß mit frisch gemahlenem Pfeffer und eventuell mit Salz abschmecken.

KARAMELKARTOFFELN

● ●

600 G KLEINE PELLKARTOFFELN, 2 EL ZUCKER, 2 EL PFLANZENÖL.

Das Öl in der Pfanne erhitzen, den Zucker hineinstreuen und bräunen. Die gepellten Kartoffeln hinzufügen und braten, bis sie goldbraun sind.

gen, wobei sie ihren Abscheu deutlich gezeigt hatte. Das hatte sie allerdings nicht daran gehindert, die Fische mit gutem Appetit zu verspeisen. «Ich bin von Kindheit an daran gewöhnt», sagte Mørck. – «Das ist auch das einzige, was du zu deiner Entschuldigung anführen kannst», erwiderte sie und trat an die Küchentür. Dort blieb sie stehen und sah zu, wie er seine Schuhe schnürte. «Wir essen doch sicher noch nicht gleich?» fragte er. «Es dauert bestimmt nicht länger als eine halbe Stunde.» – «Ich kenne deine halben Stunden», sagte sie. «Wir essen um halb sieben.» – «Was gibt's denn?» – «Grünkohl und karamelisierte Kartoffeln, trotz allem, was sie in der Zeitung schreiben.» – «Wer schreibt etwas?» – «Na, diese Gourmands, oder wie sie sich nennen.» – «Du meinst Gourmets?» – «Ja, die schreiben einen Unsinn zusammen. Ich hab es in der Zeitung gelesen, kurz nachdem ich mir ein Pfund von diesen kleinen Pellkartoffeln gekauft hatte. In Zucker gebackene Kartoffeln, das war nach Meinung eines dieses Feinschmekker etwas Abscheuliches, eine kulinarische Barbarei. Nun gut, dann sind wir eben Barbaren!» – «Das wird wohl so sein», sagte Mørck und zog seine Windjacke an. «Der Mann ist vermutlich ein Sachverständiger und müßte es also wissen.» – «Ich weiß wirklich nicht, was die sich einbilden. Sie können den Leuten doch nicht vorschreiben, was ihnen schmeckt. Es ist ja sogar dein Lieblingsgericht. Leider habe ich die geräucherten Würstchen nicht bekommen, die du so gerne dazu magst. Der Metzger meinte, ich sollte doch geräucherten Schweinekamm nehmen, aber das war mir zu teuer, und so habe ich schließlich ein Pfund

Gehacktes für Frikadellen gekauft ... Aber was ist los? Du hörst ja gar nicht zu, Jonas!»

Ein Gespräch zwischen Eheleuten. Eine schlichte Sicht auf die Dinge. Biedersinn schimmert durch. Wir sind in Dänemark und hören von einem Gericht, das hierzulande, im Norden der

Republik, gern in größerer Gesellschaft eingenommen wird. Mit Bier und anschließend mindestens einem Klaren.

«Du hörst ja gar nicht zu», wirft Marie ihrem Mann in der zitierten Romanpassage vor, und in der Tat – so ist es. Kommissar Jonas Mørck aus Kopenhagen wirkt immer etwas zerstreut, redet oft konfus daher, und seine Fälle löst er entsprechend umständlich und meist im Alleingang. Ein Eigenbrötler also, siebenundvierzig Jahre alt – man mag es kaum glauben angesichts der ihm zugeschriebenen Macken, die eher auf einen mit Seniorenpaß verweisen. Seinem jüngeren, energischen Kollegen Knut Ejnarsen geht das senile Gehabe natürlich wahnsinnig auf den Geist. «Worüber zum Teufel grinst du eigentlich die ganze Zeit?» blafft er ihn an. – «Ich? Über nichts.»

Eine typische Antwort, und Ejnarsen nickt grimmig. Er sieht nämlich auch beim besten Willen keine Veranlassung zur Freude. Die beiden Kommissare haben einen neuen Fall. Eine junge Frau ist erwürgt und übel zugerichtet worden, und die Beamten sind auf dem Weg zum Tatort. Es ist ein langer Weg, der sie von der Hauptstadt in die tiefste Provinz führt. Sie fahren durch eine hohe Tannenschonung einen Hügel hinauf. Vor ihnen liegt weit und flach das Land – Westjütland: «Wo die Nordseewellen trecken an den Strand...»

Karge, von Tannenhecken geschützte Felder wechseln mit Kiefernschonungen ab und verlieren sich zwischen Himmel und Meer am weißen Horizont. Mørck atmet befreit auf. Ihm gefällt die Landschaft. Ejnarsen dagegen stöhnt verzweifelt. «Großer Gott», meint er. «Ich verstehe nicht, wie jemand auf die blödsinnige Idee verfallen konnte, diese unterentwickelte Gegend dem Königreich Dänemark einzuverleiben.»

Er ist mit Leib und Seele ein Stadtmensch und wird uns als hellblonder, athletischer Typ vorgestellt, der bis vor kurzem das absolute As im Ringverein der Polizei gewesen ist. Jetzt aber sind seine Muskeln von einer Fettschicht überlagert und die blauen Augen blutunterlaufen: Zuviel Fernsehen gehabt, zuviel dabei getrunken. Er ist gereizt, weil seine Frau nun mit ihrer Freundin auf Mallorca Urlaub machen wird. Er hat sie ständig in Verdacht, ihn bei jeder sich bietenden Gelegenheit zu betrügen. Später erwischt er auch einmal einen ihrer Männer.

«Ich bin ihm auf der Treppe begegnet», erzählt er. «Und obwohl wir im zweiten Stock waren, wußte ich sofort, daß er aus dem dritten gekommen war. Dort brannte das einzige Licht im Haus. Cilie flitzte in Unterwäsche herum und räumte auf, nachdem sie ihre Leckerbissen spätabends zu sich genommen hatten – sie würde nie im Traum daran denken, mir zu dieser nächtlichen Stunde oder irgendeiner anderen Tageszeit appetitliche Brotschnittchen mit Schinken und Pfefferkäse darauf zu machen.» – Dansk Smørrebrøds, die Ejnarsen nur zu gerne ißt.

Mørck und Ejnarsen haben inzwischen ihr Ziel erreicht: Vestersø, ein Zweitausend-Seelen-Kaff, liegt vor Meerwinden geschützt in einer Bucht gleichen Namens. Unmittelbar nördlich des Ortes beginnt die Dünenland-

DANSK SMØRREBRØDS

● ●

Weiß-, Grau- oder Schwarzbrotscheiben mit Butter bestrichen und jeweils belegt mit Garnelen, Hummerfleisch, Kaviar, Räucherlachs, Sardellen, Dorschrogen, Räucheraal, Räucherhering, Bismarckhering, Gänsebrust, Gänseleber, gekochter Rinderbrust mit Meerrettich oder Remoulade, rohem und gekochtem Schinken, Tatar mit Ei, Käse.

RIPPCHEN MIT ROTKOHL

Gepökeltes und geräuchertes Schweinsrippenstück (Kasseler Rippenspeer) mit etwas Fett in der Pfanne braten. Gehackte Zwiebel- und Apfelscheiben in Gänseschmalz anschwitzen, den feinstreifig geschnittenen Rotkohl und etwas Fleischbrühe zugeben, mit Salz, Piment und Wacholderbeeren würzen und zugedeckt langsam dünsten. Zuletzt mit etwas Zucker abschmecken. Dazu

KARTOFFELPÜREE

Geschälte Kartoffeln in Salzwasser kochen, abgießen, pürieren. Mit etwas Butter im Topf trockenrühren, mit Salz, Pfeffer und Muskatnuß würzen und heiße Milch darunterziehen, bis das Püree sahnig und locker ist.

schaft. Zum breiten, weißen Badestrand sind es zwei Kilometer. Südlich der Stadt sind Marschwiesen und das Wattenmeer. Vestersø ist ein altes Seemanns- und Fischerdorf mit reetgedeckten Häusern im friesischen Stil. Es gibt ein Badehotel und ein Wirtshaus mit elf Zimmern. Dort, im Dorfkrog, richten sich die beiden Beamten ein: In der in braunen Farbtönen gehaltenen Gaststube herrschte trotz des hellen Sonnenlichtes, das, vom graublauen Licht der Meeresbucht reflektiert, durch die Fenster fiel, eine angenehm gedämpfte, gemütliche Atmosphäre. Rauchgeschwärzte Balken unter der Decke und dazwischenliegende einst weiße, nunmehr schwach tabakgelbe Flächen trugen zur Verstärkung dieses Eindrucks bei. Die Wände waren mit dunkelgebeiztem Kiefernholz getäfelt. Auf den Tischen lagen flaschengrüne Tischtücher. Es war halb fünf, und die Gaststube war leer. Die junge Kellnerin saß hinter der Theke und strickte. Sie hatte ein blasses, etwas rundliches Gesicht, und ihr helles Haar hob sich von den dunklen Flaschen und glänzenden Gläsern ab, die hinter ihr auf den Regalen standen. Sie legte ihr Strickzeug beiseite, nachdem sie an einem der drei Fenstertische Platz genommen hatten.

«Was darf es sein?» Sie sprach keinen Dialekt, aber der Akzent war unverkennbar. Wenn Frauen in Westjütland miteinander sprechen, schwingt oft ein klagender Ton mit, dachte Mørck. Ejnarsen dachte an Smørrebrød und bestellte sich zwei Stück. «Was gibt es als warme Mahlzeit?» – «Gebratene Rippchen mit Rotkohl. Aber erst nach sechs.»

Ein kräftiges Essen in einem idyllisch gelegenen Dorfkrog. So ist das durchgehend bei den beiden Kommissaren. Immer wieder verschlägt es sie von Kopenhagen aus aufs Land – nach Jütland, Fünen und anderswohin: Sie hielten an der Ecke Damegade und Gråbrødregade an, wo sich die Kneipe «Zum fidelen Mönch» im Kellergeschoß befand. Die Lichter brannten, obwohl draußen noch heller Tag war, und durch die rauchvergilbten Vorhänge konnten sie die Tische mit den karierten Decken erkennen.

Jonas Mørck und Knut Ejnarsen treten ein und nehmen Platz. Und schon ist erst einmal

LABSKAUS

500 g Pökelrinderbrust mit Zwiebeln und etwas Lorbeer in Wasser ganz weich kochen, herausnehmen und kleinschneiden. In dem Brühfett 500 g Zwiebeln helldünsten, in Brühe weichkochen. 1 kg gekochte Kartoffeln stampfen. Fleisch, Zwiebeln und Kartoffeln vermischen und mit der Brühe breiig rühren. Geraspelte rote Beete beifügen, mit Pfeffer und etwas Senf abschmecken. Mit einer Salzgurke und Spiegelei anrichten.

das Mittagessen angesagt: Eine Klappe öffnete sich in der dunkelgetäfelten Wand hinter der Bar, wo die Flaschen auf Regalen geordnet waren. Ein Tablett wurde durchgeschoben, und aus der Küche tauchte der Wirt auf, ein Geschirrtuch oben in die Hose gesteckt. «Bereiten Sie das Haschee selbst zu?» fragte Mørck.

«Ja. Landratten bringen nie ein anständiges Haschee zustande. Das können nur Seeleute.»

Am nächsten Abend sitzt Mørck dann um etwa halb neun im Café «Drei Kronen» bei einem Bier und schaut hinaus auf den verlassenen Rådhusplads. Ein leichter Sprühregen fällt, und die Fenster des Cafés glitzern vom Wasser, das an ihnen heruntertropft. Er fühlt sich träge und faul: Ein Gefühl der Leere hatte ihn überwältigt... Für ihn und Ejnarsen gab es hier nichts mehr zu tun. Der Fall würde abgeschlossen werden mit der Untersuchung der Leiche... Ihm fiel ein, daß er die Fotos nicht zurückgegeben hatte. Eines Tages wirst du gehen und dich selbst vergessen, sagte seine Frau in irgendeinem fernen Winkel seines Bewußtseins. Ebenso hatte er vergessen, sie anzurufen, um zu sagen, daß er morgen früh nach Lolland fahren würde, um einen neuen Mord zu untersuchen.

Drei Fälle lösen Jonas Mørck und Knut Ejnarsen zusammen. Unter den Titeln «Einer soll geopfert werden», «Was ist Wahrheit» und «Stumme Zeugen» sind sie erschienen – Kriminalromane von Poul Ørum. Es sind ruhig erzählte und unspektakuläre Geschichten. Sie enthalten viel Atmosphäre, machen Lust auf das Land, auf entspannte Abende in einer behaglichen Unterkunft – in einem Dorfkrog. Genau die richtige Urlaubslektüre für verregnete Tage.

SCHWEDENHAPPEN

Maj Sjöwall und Per Wahlöö
und ihre Männer von der
Rikspolis

Kurz nach Erscheinen des letzten Bandes im April 1977 tönten die bundesdeutschen Kulturschaffenden, Hauptabteilung Wort, unisono: *Grandios, genial – ein Meisterwerk, vergleichbar nur mit Balzacs «Comédie Humaine»!*

Was derart euphorisch bejubelt wurde, waren zehn simple Taschenbücher in der Preisklasse von drei, vier und fünf Mark achtzig, die Kriminalromane des schwedischen Autorenteams Maj Sjöwall und Per Wahlöö, die ab 1968 in schöner Regelmäßigkeit auf den deutschen Markt gekommen waren, zum Teil allerdings erheblich gekürzt. Inzwischen liegt die Polizisten-Saga erstmals vollständig übersetzt vor, als Kassette zum Mitnahmepreis. Es ist ein handliches Teil, das im *Ikea*-Regal gut zur Geltung kommt. 2062 Seiten stark präsentiert sich der «Roman über ein Verbrechen», und es ist schon aufschlußreich, in den Neunzigern noch einmal darin zu blättern. Wer allerdings verfolgt hat, wie zum Beispiel Joseph Wambaugh seine L.-A.-Cops agieren läßt oder was Elmore Leonard nach wie vor an gut verrückten Geschichten zu erzählen hat, wird beim «schwedischen Modell» schnell abwinken.

Zu perfekt ist diese Serie konstruiert, zu offensichtlich die Absicht, den «Zusammenhang zwischen Gesellschaftsverhältnissen und der Entwicklung und dem Schicksal der Menschen bewußtzumachen.» Eine Kopfgeburt, am Schreibtisch ausgeheckt – faktenreich und politisch klar ausgerichtet. Alles ist stimmig: die Argumente, die Einsichten und Zweifel der Herren Kommissare so menschlich und doch auch so langweilig.

Oder möchten Sie Ihren Tag mit diesen Menschen beginnen?

«Die Uhr zeigte Viertel nach fünf; es regnete. Martin Beck putzte sich lange und sorgfältig die Zähne, um den schalen Geschmack im Mund loszuwerden. Und es schien so, als ob es ihm glücken würde. Dann knöpfte er den Kragen zu und knotete den Schlips. Lustlos blickte er auf sein Gesicht im Spiegel, zuckte die Schultern und ging hinaus auf die Diele. Ging weiter durch das Wohnzimmer, sah sehnsüchtig auf das halbfertige Modell des Schulschiffs Danmark, an dem er am Abend vorher viel zu lange gebastelt hatte, und trat in die Küche.

Die ganze Zeit bewegte er sich vorsichtig und lautlos, teils aus alter Gewohnheit, teils um die Kinder nicht zu wecken.

Er setzte sich an den Küchentisch.

‹Ist die Zeitung noch nicht da?› fragte er.

‹Die kommt erst gegen sechs›, erwiderte seine Frau.

Es war schon hell draußen, aber der Himmel war bezogen. In der Küche herrschte ein graues Halbdunkel, weil seine Frau das Licht nicht angedreht hatte. Sie nannte das sparen.

Der Mann öffnete den Mund, aber er schloß ihn gleich wieder, ohne etwas zu sagen. Es würde doch wieder zu scharfen Worten kommen, und dafür war jetzt der falsche Moment. Statt dessen trommelte er vorsichtig mit den Fingern auf die Resopalplatte und blickte auf die leere Tasse mit dem blauen Rosenmuster. Sie war am Rand etwas abgesprungen und hatte einen braunen Riß von der Kante herunter. Die Tasse hatte ihre ganze Ehe miterlebt; mehr als zehn Jahre. Seine Frau schlug selten etwas entzwei, jedenfalls nichts so, daß es Scherben gab. Es war komisch, daß die Kinder das von ihr geerbt zu haben schienen. Konnten solche Eigenschaften vererbt werden? Er wußte es nicht.

Sie nahm den Kaffeekessel vom Herd und goß ein. Er hörte mit dem Trommeln auf.

‹Willst du nicht ein Smörgas haben?› fragte sie.

Er trank vorsichtig und in kleinen Schlucken und hockte ziemlich krumm an der Tischkante.

‹Du solltest wirklich etwas essen›, begann sie wieder.

‹Du weißt, daß ich morgens nichts essen kann.›

‹Es wäre aber besser für dich, bei deinem empfindlichen Magen.›

Er strich sich mit den Fingerspitzen über die Wange und spürte einige vergessene Bartstoppeln, ziemlich klein und scharf. Er trank einen Schluck.

‹Ich kann dir etwas Brot rösten›, schlug sie vor.

Fünf Minuten später stellte er die Tasse lautlos auf die Untertasse und hob den Blick zu seiner Frau. Sie hatte einen roten, flauschigen Morgenmantel über dem Nylonnachthemd an und stützte die Ellbogen auf den Tisch, das Kinn in der Hand. Sie war blond, mit hellem Teint und runden, etwas vorstehenden Augen. Die Augenbrauen pflegte sie färben zu lassen, doch während des Sommers waren sie ausgebleicht und nun fast ebenso hell wie das Haar. Sie war ein paar Jahre älter als er, und obwohl sie in den letzten Jahren etwas zugenommen hatte, begann die Haut am Hals welk zu werden.

Als die Tochter vor zwölf Jahren geboren wurde, hatte sie ihre Anstellung in einem Architekturbüro aufgegeben und seitdem keine Lust mehr verspürt, wieder in den Beruf zurückzukehren. Als der Junge in die Schule kam, hatte Martin Beck vorgeschlagen, ob sie nicht eine Halbtagsstelle annehmen wolle, doch sie hatte ihm ausgerechnet, daß es sich kaum lohnen würde. Außerdem war sie bequem von Natur aus und mit ihrem Hausfrauendasein zufrieden.

Ja, ja, dachte Martin Beck, erhob sich und schob wortlos den blaugemalten Schemel unter den Tisch. Dann stellte er sich ans Fenster und blickte in den Nieselregen hinaus.»

Martin Beck von der Rikspolis Stockholm, Abteilung Kapitalverbrechen, ist der Miesepeter vom Dienst. Er ist ein magerer und nicht sonderlich großer Mann und natürlich unauffällig gekleidet. Ärmlich, könnte man auch sagen. Zugeschrieben aber werden ihm «enorme Fähigkeiten»: Intuition und ein gutes Gedächtnis. Das reicht, um die ihm und seinen Kollegen überantworteten Fälle zu lösen. Viel mehr darf man von Martin Beck auch nicht erwarten.

Nach der Halbzeit des Sozialepos, in «Und die Großen läßt man laufen», hat Beck sich dann endlich entschlossen, seine Frau zu verlassen und in eine Zweizimmerwohnung zu ziehen. «In einem Anfall von Übermut war ihm die Idee gekommen, seine drei besten Freunde zum Essen einzuladen. Angesichts der Tatsache, daß seine Kochkünste sich auf das Kochen von Eiern und

SCHWEDENHAPPEN

• •

Matjeshering auf Dill mit saurer Sahne und Schnittlauch. Eine Schale Maränenrogen mit einem Kranz aus feingehackten Zwiebeln, Dill und Zitronenscheiben. Geräucherter Lachs in dünnen Scheiben auf zarten Salatblättern. Hartgekochte Eier in Scheiben. Bückling. Geräucherte Scholle. Ungarische Salami, polnische Wurst, finnische Wurst und Leberwurst aus Schonen. Eine große Schale mit Massen frischer Krabben. Sechs verschiedene Sorten Käse auf einem Holzbrett. Radieschen und Oliven. Pumpernickel, ungarisches Landbrot und ein knuspriges, leicht angewärmtes Baguette. Landbutter in einem hölzernen Butterfäßchen.

Die jungen Kartoffeln kochten auf dem Herd still vor sich hin, und aus dem Topf stieg Dillduft auf. Im Kühlschrank lagen vier Flaschen Piesporter Falkenberg, Dosen mit Carlsberg Hof, und im Gefrierfach eine Flasche Lojtens-Akvavit.

SCHWEDISCHE HERINGSPASTETE

• •

Fleisch von 6 grünen Heringen mit einer Gewürzgurke, einer großen Zwiebel, einer Handvoll frischer Petersilie durch die Maschine drehen. Mit Pfeffer, Salz, Kapern, einem Ei, einer Tasse Semmelbrösel, einer Tasse süßer Sahne gut mischen. In einer gebutterten feuerfesten Form 20 Minuten im Ofen gratinieren. Mit Tomatensauce und geriebenem Käse bestreut servieren.

Tee beschränkten, erschien ihm jetzt die Einladung als reichlich leichtsinnig.»

Was also macht der kluge Mann?

«Viertel vor vier verließ er das Polizeihaus und nahm die U-Bahn nach Hötorgshallen. Dort kaufte er so ausgiebig ein, daß er schließlich ein Taxi nach Gamla Stan nehmen mußte, um mit seinen Vorbereitungen noch rechtzeitig fertig zu werden.»

Um fünf vor sieben hatte Martin Beck den Tisch gedeckt und blickte auf sein Werk.

Einer der wenigen guten Freunde Becks ist sein Kollege Lennart Kollberg, an dessen Person das Autorenpaar demonstriert, wie sexuell aufregend in Schweden ein Eheleben sein kann. Die von ihnen immer wieder gern beschriebenen Verrenkungen, die der fette Kollberg mit seiner Frau Gun praktiziert, haben einiges dazu beigetragen, von einer «Revolution des zeitgenössischen Kriminalromans» zu sprechen. Doch wie es auch auf Fußböden und in Betten getrieben wird, ist ebenso klischeehaft wie die Äußerungen und Gedankenspiele der «Bullen» über Staat und Gesellschaft. Kollberg tippt nach einer danebengegangenen Großfahndung sein Entlassungsgesuch – ein Musterbeispiel an Platitüden:

«Ich habe mich nach langer und gründlicher Überlegung entschlossen, das Polizeikorps zu verlassen. Meine Motive sind persönlicher Art, trotzdem will ich darüber in kurzen Zügen Rechenschaft ablegen. Zuallererst halte ich es für notwendig, daß mein Entschluß kein politischer Akt ist, auch wenn viele es so auffassen werden. Das Polizeiwesen ist sicherlich im Laufe der letzten Jahre in immer größerem Ausmaß politisiert worden, gleichzeitig wurde das Polizeikorps als solches immer häufiger zu politischen Zwecken ausgenutzt. Ich habe diese Entwicklung mit großer Besorgnis beobachtet, aber mir selbst ist es fast immer geglückt, mich von diesem Teil der Tätigkeit fernzuhalten.

Während der 27 Jahre, die ich im Polizeikorps Dienst getan habe, haben sich jedoch dessen Selbstverständnis, Aufbau und Organisation in einer Art verändert, die mich zu der Überzeugung gebracht hat, daß ich nicht länger zum Polizeibeamten tauge, wenn ich das überhaupt jemals getan habe. Vor allen Dingen ist es mir unmöglich, mich mit einer Organisation dieser Art solidarisch zu erklären. Daher sollte es sowohl im Interesse des Polizeiapparates wie auch in meinem eigenen liegen, wenn mein Dienstverhältnis gelöst wird.»

Ein solches Schreiben mag erklären, warum in den späten Sechzigern und frühen Siebzigern Sjöwall/Wahlöö bei Linksintellektuellen so gut ankamen.

Kollberg also schmeißt die Brocken und geht. Der brave und weiterhin grüblerische Martin Beck bleibt. Dieser Mann, der Menschenansammlungen aller Art haßt und äußerst ungern reist, muß sich dennoch einmal fortbewegen.

Seine Reise nach Budapest läuft nach dem Motto «Kleiner Mann erlebt große Welt» ab – nachzulesen in «Der Mann, der sich in Luft auflöste». Im Speisesaal seines Hotels trinkt und ißt er natürlich, was man mit Ungarn zu assoziieren hat.

Gerühmt wurde an den Sjöwall/Wahlöö-Unternehmen, daß anstelle des Einzelkämpfers für Recht und Gerechtigkeit ein Team von Polizisten tätig ist – Martin Beck und seine Mitarbeiter.

Das Modell ist von Ed McBain abgekupfert, der zu der Zeit schon weit über ein Dutzend Bücher über die Männer vom 87. Polizeirevier veröffentlicht hatte. Bei ihm allerdings sind es keine Pappkameraden, sondern Cops, die ihren Job erledigen und mehr auf der Straße sind als im Office und daheim. Sie ersparen sich auch weitgehend Reflexionen über die gesellschaftlichen Zustände, langen vielmehr zu. Sie sind härter, abgebrühter und zynischer. Der Layoutzeichnerin Maj Sjöwall

GABELBISSEN

● ●

Ein Pfund fette Salzheringe 2 Tage wässern. Häuten und entgräten, in 4 cm große Stücke schneiden. Die Happen mit Lorbeerblättern, Zwiebelringen, Pfefferkörnern, Wacholderbeeren und Nelken in einer Schüssel schichten. Mit Kräuteressig und Olivenöl bedecken und mindestens 10 Stunden ziehen lassen.

SCHWEDISCHER SALAT

● ●

Kleine Würfel gekochtes Rindfleisch, gekochte Kartoffeln und rote Rüben, Bücklinge, Äpfel und Salzgurken sowie Kapern und grüne Oliven mit einer Öl-Essig-Marinade anmachen und mit gehackten Kräutern und Eiervierteln garnieren.

KALBSFILET MIT KARTOFFELN UND PAPRIKAGEMÜSE

● ●

Martin trank den Aperitif, der Barack hieß. Barack Palinka, erklärte der Ober, sei ungarischer Aprikosengeist. Er aß Fischsuppe, die rot und stark mit Paprika gewürzt und wirklich sehr gut war. Er aß Kalbsfilet mit Kartoffeln in scharfer Paprikasauce, und trank echtes Pilsener Bier. Als er Kaffee getrunken hatte, der eher ein Mokka war, und noch einen Barack, fühlte er sich zufrieden und müde und ging direkt hinauf in sein Zimmer.

Kalbsfilet bei mittlerer Temperatur in Butter ca. 6 Minuten braten. Dazu gekochte Kartoffeln und Paprikagemüse. Die Paprikaschoten in Würfel oder Scheiben schneiden. Speck-, Zwiebel- und Knoblauchwürfel anbraten, die Paprika hinzu, mit Tomatenmark und etwas Wasser einrühren und auf kleiner Flamme einköcheln. Mit Salz, Pfeffer und Paprikapulver würzen.

BUDAPESTER
SCHWEINESCHNITZEL

· ·

**4 SCHWEINESCHNITZEL, SALZ, PFEFFER,
PAPRIKA ROSENSCHARF, 4 EL SCHWEINESCHMALZ,
2 ZWIEBELN, 1 EL TOMATENMARK, 1/8 L SAHNE.**

Schnitzel mit Salz, Pfeffer und Paprika bestreuen und die
Gewürze leicht einreiben. Schmalz in der Pfanne erhitzen und
Schnitzel von beiden Seiten scharf anbraten. Weitere
5 Minuten pro Seite braten. Aus der Pfanne nehmen und warm
stellen. Zwiebelringe in dem Bratfett anbräunen. Tomatenmark
und Sahne hinzugeben und gut durchkochen lassen. Schnitzel
auf dem Teller anrichten und die leicht dickflüssige Soße
übergießen.

und dem langjährigen Spanienkorrespondenten Per Wahlöö, der als Kommunist 1956 vom Franco-Regime des Landes verwiesen wurde, gelingt es allein bei einer Polizistenfigur, etwas Schwung in den Laden zu bringen. Es ist der eitle und großkotzige Gunvald Larsson, der seinen Kollegen ständig auf den Wecker geht. Seine Auftritte sind gute Nummern, aber natürlich ist Martin Beck dieser Mann nicht sonderlich sympatisch. Beck bleibt durchgängig der alte. Selbst nach der Trennung von seiner Frau und in einer neuen «Beziehung» lebend, ist sein Tagesbeginn nicht gerade das Gelbe vom Ei.

EINE NEUE LIEBE, UND
EIN WENIG MEHR GENUSS

· ·

«Am Morgen bereitete Martin Beck für sie beide das Frühstück und sah ihr zu, als sie sich ankleidete.

Er hatte sie schon vorher mehrere Male nackt gesehen, hatte aber das deutliche Gefühl, daß es viele Jahre dauern würde, bis er sich satt gesehen haben würde.

Rhea Nielsens Körper war kräftig, sie hatte eine gute Figur. Man konnte vielleicht sagen, daß sie ein wenig gedrungen oder untersetzt war, aber ebensogut, daß sie einen ungewöhnlich funktionellen und harmonischen Körperbau hatte. Desgleichen hätte man auch sagen können, daß ihre Gesichtszüge unregelmäßig, jedoch kraftvoll und ausdrucksvoll waren.

Es waren fünf Dinge, die er am meisten bei ihr liebte: den kompromißlosen Blick aus den blauen Augen, die flachen, runden Brüste, ihre großen hellbraunen Brustwarzen, das helle Schamhaar und ihre Füße. Rhea Nielsen lachte heiser: ‹Schau du nur her! Manchmal macht es Spaß, wenn man so angestarrt wird.›

Sie zog sich den Slip an.»

Und dann frühstückten sie mit Tee, Toast und Marmelade.

AMSTERDAM CHINATOWN

Die Gelassenheit des
Janwillem van de Wetering

Brigadier de Gier ist ein schlanker Mann mit ein «bißchen dünnen Beinen», wie eine Frau einmal bemerkt. Er hat hohe Wangenknochen und große, braune Augen. Besonders stolz ist er auf seinen breiten, sehr gepflegten Schnurrbart. Auch seine Fingernägel sind immer sorgfältig gefeilt. Sein Haar ist über die Ohren gebürstet und kräuselt sich im Nacken. Meistens trägt de Gier einen Maßanzug aus Jeansmaterial und dazu passende blaue Oberhemden. Der Anzug ist von einem illegal eingewanderten türkischen Schneider angefertigt worden.

Um den Hals hat de Gier einen bunten Schal geschlungen. Unter die Achsel geschnallt hat er eine leichte Pistole in einem Spezialhalfter. De Gier ist ein Meisterschütze und Träger des schwarzen Gürtels im Judo. Der Brigadier spricht gut englisch und liest französische Literatur. Er bewohnt eine kleine Wohnung am Stadtrand und hat Blumenkästen auf dem Balkon. Auch in den Zimmern sind viele Pflanzen. Ansonsten nur ein paar Bücherregale und ein antikes Krankenhausbett, das zwei Drittel des Schlafzimmers einnimmt. In der Regel ißt er stehend in der Küche. Er bereitet sich einfache Gerichte zu.

Bei seinen Kollegen steht de Gier in dem Ruf, ein Ladykiller zu sein. Und in der Tat schreckt er nicht davor zurück, eine Verdächtige in Amsterdam Chinatown zum Essen einzuladen und anschließend mit ihr zu schlafen.

Brigadier de Gier ist zufällig Polizist geworden. Er hatte keine Pläne, als er die Schule verließ, aber sein Onkel war bei der Polizei. Jetzt kann er sagen: «Verbrechen interessieren mich. Das

SPAGHETTI
MIT KRÄUTERCREME

● ● ● ● ● ● ● ● ● ● ● ● ● ● ● ● ● ● ●

100 g Spaghetti in Salzwasser in 12 Minuten bißfest kochen, mit kaltem Wasser überbrausen, abtropfen lassen. 1/2 Bund gemischte Kräuter waschen, trockenschütteln, hacken. 2 Frühlingszwiebeln schälen, kleinschneiden. 1 kleine rote Paprikaschote waschen, entkernen und fein würfeln. 1 Knoblauchzehe kleinhacken. Zwiebeln, Knoblauch und Paprika in 1 TL erhitztem Öl 3 Minuten dünsten. Kräuter und 1/2 Becher Magermilchjoghurt unterrühren. Creme mit 2 EL Zitronensaft, Salz, Pfeffer und Paprika würzen und unter die Spaghetti mischen.

PFANNKUCHEN

● ● ● ● ● ● ● ● ● ● ● ● ● ● ● ● ● ● ●

100 g Mehl und 1/4 l Milch langsam anrühren, bis der Teig glatt ist. Dann 2 Eier und eine Prise Salz hinzufügen und noch einmal kurz rühren. Den Teig in eine leicht gefettete Pfanne löffeln und von beiden Seiten braun backen. Marmelade oder Apfelmus dazu.

Verbrechen ist manchmal ein einziger Fehler, häufig jedoch eine Serie von Fehlern. Ich versuche zu verstehen, warum Verbrecher Fehler machen.» Dabei hilft ihm, daß er seine Gedanken analysiert und die Motive für seine Handlungen findet. Früher hat er selbstgedrehte Zigaretten geraucht. Inzwischen ist er zu dem Schluß gekommen, daß Nikotin das Potential phantasievoller Aufnahmefähigkeit einengt, indem es die Blutzufuhr zum Gehirn verlangsamt. Es begrenzt die Kapazität der Sinne. Nun ist de Gier «dem Wesen der Schöpfung nahe. Ich sehe, daß tatsächlich alles herrlich ist. Irgendwie zu herrlich. Ich glaube nicht, daß ich es ertragen kann.»

Was gibt es noch über ihn zu sagen? Ach, ja – er hatte einmal einen Kater, den er erschießen mußte. Und er wollte eine Frau heiraten, die aber überfahren wurde. Wichtig ist auch, daß er in seiner linken Innentasche ein Lederetui mit sich herumträgt. In ihm ist eine Querflöte. Brigadier de Gier musiziert oft mit seinem Kollegen Adjudant Henk F. Grijpstra.

Adjudant Henk F. Grijpstra ist ein dicker Mann. Er trägt einen schlechtsitzenden Anzug aus teurem gestreiftem englischem Tuch, ein weißes Oberhemd und eine blaue, einfarbige Krawatte. Er hat kurzes Bürstenhaar – «grauweiße, millimeterlange Haarstoppeln». Grijpstra hat seine große Pistole in einem Halfter am Gürtel und führt außerdem noch – vorschriftswidrig – ein Stilett mit sich. Er bewohnt mit seiner Frau und drei Kindern zwei winzige Etagen in einem kleinen Haus an der Lijnbaansgracht. Mit der Familie kann er immer weniger anfangen. Sein ältester Sohn hat lange, schmutzige, glatte Haare, vorstehende Zähne und entwickelt sich zu einem Taugenichts. Seine Frau wird von Tag zu Tag fetter: «...dieser Klumpen aus halbstarrem Fett, schmutzig und übelgelaunt, der nach und nach aus dem Mädchen geworden war, das er einst geheiratet hatte, füllte allmählich beide Etagen seines Heims aus, drängte ihn an die Wand und sickerte in seinen Frieden ein, den Frieden, den er tagsüber aufgebaut hatte. Eines Tages würde er nicht mehr heimgehen. Er wollte nicht sehen, wie sie am Küchentisch lehnte, der unter ihrem Gewicht ächzte, wie sie sich auf das knarrende Geländer am Treppenabsatz stützte, wie sie auf der niedrigen Fensterbank hing. Es fiel ihr jetzt schwer zu stehen. Es fiel ihr auch schwer zu sitzen, denn die Mühe, sich wieder zu erheben, könnte die wenigen Stühle zerbrechen, die noch heil waren.»

Grijpstra wird zu Hause nicht gut bekocht. Es gibt oft nur Bratkartoffeln.

Darum nimmt er jede Gelegenheit wahr, sich unterwegs die eine oder andere Kleinigkeit zu gönnen.

Wie sein Kollege de Gier aber bevorzugt er die chinesischen Lokale in Amsterdam: «Schweinebraten, hmm. Bratnudeln mit Garnelen, hmm. Wonton-Suppe, die ist gut, aber gestrichen. Dünne Nudeln mit Hummer, hmm, etwas glitschig, aber lecker. Ja.»

«Adjudant?»

«Ja. Nudeln mit Brathähnchen, denke ich, wie immer. Ich weiß nicht, warum ich mir überhaupt die Mühe mache, die Karte zu lesen. Und du nimmst das gleiche, de Gier, weil wir sonst zu lange warten müssen.»

Adjudant Henk F. Grijpstra ist knapp über Fünfzig, gut zehn Jahre älter als de Gier. Er ist vertrauenswürdig und gereift, während er mürrisch dem abstrakten Staat diente. Grijpstra hat ein Talent zum Malen und will es eines Tages ernsthaft betreiben. Auf einem im Fundbüro nicht abgeholten Schlagzeug begleitet er den Querflöte spielenden de Gier. Sie improvisieren, versuchen sich aber auch an Bach, an Chorälen und Sonaten. Im Verlauf der Jahre hat Grijpstra dann eine Romanze mit einer ehemaligen Prostituierten. Frau und Kinder ziehen zu Hause aus.

Brigadier de Gier und Adjudant Henk F. Grijpstra unterstehen einem kleinen, unscheinbaren Mann, der einen schlimmen Schmerz in den Beinen hat und oft kochendheiße Bäder nehmen muß. Es ist der Commissaris. Während des Krieges war er Offizier der Widerstandsbewegung und hat im Gefängnis gesessen. Er ist verheiratet und bewohnt mit seiner Frau ein großes Haus in der Innenstadt. Der Commissaris trägt gern einen Shantunganzug, komplett mit Weste und Uhrkette. Sein spärliches, farbloses Haar ist sorgsam gebürstet. Einmal lädt er Grijpstra in ein teures Restaurant zum Essen ein. Er empfiehlt dem Adjudant als Vorspeise Schnecken.

«Grijpstra machte ein zweifelndes Gesicht. ‹Ich hab noch nie welche gegessen, Mijnheer.›

‹Oh, die werden dir schmecken. Die Franzosen haben sie seit Jahrtausenden gegessen, und die sind angeblich intelligenter als wir.› ... Grijpstra stocherte mißtrauisch herum und zog die kleinen schwarzen gummiartigen Klumpen aus der Schale...

GEBRATENER REIS

(FÜR 8–10 PERSONEN) 1 1/4 KG KALTER, GEKOCHTER REIS, 125 G ROHE KRABBEN, GEPELLT UND GESÄUBERT UND DER LÄNGE NACH HALBIERT, 1 TL NATRON, 1 TL SALZ, 5 TL ÖL, 10 EL IN WÜRFEL GESCHNITTENER, GEKOCHTER SCHINKEN, 3 EIER, 8 EL FEINE GRÜNE ERBSEN, GEKOCHT, 2 EL AUSTERSAUCE, 125 G BOHNENSPROSSEN, 8 EL GEHACKTE FRÜHLINGSZWIEBEL.

Krabben mit Natron und Salz vermischen und 15 Minuten stehenlassen. Abspülen und abtrocknen. Öl in der Pfanne erhitzen und die Krabben 20 Sekunden darin rösten. Gut abtropfen lassen, Schinken in der Pfanne erhitzen und den Reis dazugeben. Unter Rühren erhitzen. In der Mitte der Pfanne einen Kreis freimachen und darin die verquirlten Eier rühren. Wenn sie gestockt sind, mit dem Reis vermengen. Erbsen beigeben, mit Salz abschmecken und umrühren. Austersauce und Krabben dazu, und zuletzt die Bohnensprossen und die Frühlingszwiebeln daruntermengen. Alles noch 30 Sekunden anbraten und heiß servieren.

BRATKARTOFFELN

Kartoffeln in der Schale kochen, leicht abkühlen lassen, schälen und in dünne Scheiben schneiden. Die Scheiben in heißem Fett mit kleinen Speckwürfeln rösten, dann in Butter kurz nachbraten, mit Salz und Thymian würzen.

BROT MIT GEBRATENEN PILZEN

Graubrot rösten und mit gebratenen Pilzen belegen.

BROT MIT RÄUCHERAAL

Schwarzbrot mit Butter bestreichen
und geräuchertem Aal belegen.

BRATHÄHNCHEN IN FRÜHLINGSZWIEBEL-MARINADE

1 BRATHÄHNCHEN, IN PORTIONEN ZERTEILT,
2 EL SOJASAUCE, 1 TL SHERRY, 1 TL GEMAHLENER INGWER,
1 TL ZUCKER, SALZ, 1 FRÜHLINGSZWIEBEL, IN STREIFEN
GESCHNITTEN, STÄRKEMEHL, ÖL.

Das zerteilte Hähnchen in eine Schüssel legen. Mischung aus
Sojasauce, Sherry, Ingwer, Zucker, Salz und Zwiebelstücken
übergießen. 10 Minuten stehen lassen, in dem Mehl wenden
und die Teile in heißem Öl etwa 5 Minuten auf beiden Seiten
braten. Herausnehmen und weitere 5 Minuten abkühlen lassen,
dann noch einmal im Öl ca. 2 Minuten goldbraun braten.

SCHNECKEN

Die Schnecken mit etwas Weinbrand benetzen, in die
ausgekochten und gut getrockneten Gehäuse füllen, die
Gehäuse mit Knoblauchbutter zustreichen und auf einer
Schneckenpfanne im Ofen erhitzen.

‹Na?› fragte der Commissaris.

‹Sehr lecker›, sagte Grijpstra und säuberte sorgfältig seinen Teller mit einem Stück Toast. ‹Das da ist eine gute Soße.› . . .

‹Es ist wohl besser, du küßt heute abend deine Frau nicht›, sagte der Commissaris, als sie das Restaurant verließen. ‹Die Soße, die dir so gut gefiel, war reiner Knoblauch.›

‹Ich küsse meine Frau nie›, sagte Grijpstra und rülpste. ‹Verzeihung, Mijnheer.›»

Irgendwann muß der Commissaris seiner Schwester im amerikanischen Maine beistehen und Hutspot essen: Ein Gericht aus zerstampften Karotten, Zwiebeln und Kartoffeln mit gekochtem Rindfleisch in Scheiben.

Das Essen schmeckt ihm überhaupt nicht. Er bekommt aber an einem anderen Tag eine ausgezeichnete Erbsensuppe mit Speck und Schweinsfüßchen vorgesetzt.

Schließlich muß noch erwähnt werden, daß der Commissaris und de Gier einen Fall in Tokio zu lösen hatten und dort die japanische Küche schätzenlernten.

Der Commissaris, Brigadier de Gier und Adjudant Henk F. Grijpstra sind die Hauptpersonen in den Kriminalromanen des seit einigen Jahren in Maine lebenden Holländers Janwillem van de Wetering. Für eine Zigarrenwerbung gab der Autor Auskünfte zur Person und seiner schriftstellerischen Arbeit.

«Der späte van de Wetering ist Kriminalschriftsteller besonderer Art. Wie könnte man den frühen van de Wetering bezeichnen?»

«Ganz einfach. Der frühe van de Wetering war Kaufmann. Und, wenn Sie so wollen, auch besonderer Art. Denn ich wollte nie Kaufmann in Holland werden. Mich lockte das Abenteuer, die fernen Kontinente, die Möglichkeit, von zu Hause wegzukommen. Immerhin war ich erst neunzehn, als ich nach Afrika ging.»

«Um dort ein kaufmännisches Büro zu leiten?»

«Beileibe nicht. Zuerst einmal wurde ich geleitet. Aber ich habe gut verkauft, und so wurde mein Betätigungsfeld immer größer. Später habe ich dann auch in Australien und Südamerika Geschäfte gemacht. Das war schon ziemlich abenteuerlich.»

«Bevor Sie dann nach zehn oder elf Jahren nach Holland zurückkehrten, verschwanden Sie für eineinhalb Jahre in einem japanischen Kloster. Warum?»

«Ich war ja lange genug durch die Welt gezogen. Hatte schöne Dinge, aber auch viel Schlimmes gesehen. Ich wollte wissen, welchen Sinn das hat. Warum ich lebe. Natürlich habe ich keine Antworten bekommen, wie ich sie gesucht habe. Aber ich hatte einen sehr guten Lehrer, mit dessen Hilfe ich gelernt habe, Dinge zu akzeptieren, wie sie sind. Es ist nicht notwendig, immer alles zu begreifen.»

«Half die Lehre des Buddhismus auch dem Kaufmann van de Wetering?»

«Natürlich. Eine Säule der buddhistischen Lehre ist das Wissen darum, daß nichts wirklich wichtig ist. Das macht die Menschen handlungsfähiger, weniger ängstlich. Ich war mit Vierzig ein erfolgreicher holländischer Kaufmann und auf dem besten Weg, noch erfolgreicher zu werden. Der Gedanke allerdings, das für den Rest meines Lebens machen zu müssen, langweilte mich entsetzlich.»

«Ergo – Sie verkauften Hab und Gut, wanderten nach Amerika aus und wurden Schriftsteller. Einfach so?»

«Na ja, ein paar Monate hat das schon gedauert, aber dann begann es prima zu funktionieren. Immerhin hatte ich in Amsterdam schon angefangen zu schreiben. Drei Bücher waren bereits publiziert. Eins über Buddhismus und zwei Kriminalromane.»

«Die besondere Art Ihrer Romane hat Sie ja zu einem der erfolgreichsten Autoren der Krimi-

ERBSENSUPPE

● ●

Getrocknete grüne Erbsen waschen und einweichen. Im Einweichwasser aufsetzen, kleingeschnittene, in Butter angeschwitzte Zwiebeln, Mohrrüben, Porree und Räucherspeck sowie ein Kräuterbündel hinzufügen. Weich kochen, passieren, mit Fleischbrühe verkochen, würzen und mit Sahne abschmecken.

TENPURA

● ●

Hummerkrebse, aber auch Fische mit weißem Fleisch und Gemüse in gebackenem Teig.

Backteig aus 2 Tassen Mehl, einem Ei und 400 ccm Wasser rühren.

Krebse, Fisch und verschiedenes Gemüse in entsprechende Größen schneiden, mit Weizenmehl leicht bestreichen, im Backteig wenden und in heißes Öl (Temperatur bei 165 – 170 Grad) tauchen.

SUSHI-REIS

● ●

Rundkornreis in doppelte Wassermenge siedendes Wasser geben, 2 Minuten kochen, weitere 5 Minuten auf mittlerer Temperatur und noch 5 Minuten auf kleiner Flamme stehen lassen. Ausschalten und bei geschlossenem Deckel 15 – 20 Minuten dämpfen. Den Reis in eine flache Holzschale umfüllen, eine Essigmischung aus 220 cl Reisessig, 180 g Zucker und 50 g Salz dazugeben und gleichmäßig durchmengen.

ROHER THUNFISCH, GRÜNER MEERRETTICH UND REIS IN LEICHT GERÖSTETEM NORI GEROLLT

● ●

Thunfischfilet streifenförmig schneiden. Grünen Meerrettich raspeln und mit Wasser verkneten. Ein halbiertes, leicht geröstetes Nori ausbreiten, darauf eine Handvoll Reis dünn und gleichmäßig verteilen. In die Mitte eine flache Rinne formen, die Meerrettichpaste einstreichen und darüber Thunfischstreifen legen. Wickeln und in drei Stücke schneiden.

YUDOUHU

● ●

In einer Tonkasserolle 1 1/2 l Wasser mit einem großen Suppenseekrautblatt zum Kochen bringen. Das Blatt herausnehmen und die in Würfel geschnittenen Touhu-Stücke in die Brühe geben, 2–3 Minuten köcheln lassen. Die Stücke herausnehmen und in eine mit Lauch, Ingwer, feingeschnittener Zitronenschale und geschnittenem Nori angereicherte Sojasauce eintunken.

szene werden lassen. Was ist das Besondere? Ist es die Mischung aus Wirklichkeit und Phantasie?»

«Sie meinen, weil ich über sieben Jahre Reservist bei der Amsterdamer Polizei war. Diese Art von Realität war sehr hilfreich. Aber ich glaube, es liegt mehr an meiner Art zu denken. Ich habe angefangen, die Entwicklung von Menschen zu beschreiben, die mich interessieren. Es ist nicht das Interesse an der Kriminologie, ich will nicht unbedingt wissen, wer es getan hat. Die kleinen Nebenschauplätze und -schicksale mit all ihren Problemen, die Weiterentwicklung meiner drei Hauptfiguren, das interessiert mich. Sie können es Buch für Buch verfolgen.»

«Haben Sie eine Methode beim Schreiben?»

«Die Geschichten fallen mir meist in wenigen Minuten ein. Ich denke kurz darüber nach, ob die Idee gut ist. Dann denke ich lange darüber nach, wie ich sie ausbauen könnte. Wenn ich dann zu schreiben beginne, und es fließt nicht, weiß ich, die Zeit ist noch nicht reif, und ich mach was anderes. Morgen oder übermorgen klappt es bestimmt, und es kann passieren, daß das Buch dann in vier Wochen fertig ist.»

«Glauben Sie, daß es im ländlichen Maine leichter ist, Ihre Art von Leben zu leben, als in Amsterdam?»

«Nein. Ich kann mich überall amüsieren. In Maine tue ich es halt besonders gern. Und da ich hin und wieder nach Amsterdam fliege, ist das sogar ein wunderbarer Kontrast. Allerdings muß man es auch genießen können. Aber das können ja nicht mehr viele Menschen.»

«Was würden Sie den Menschen wünschen?»

«Mehr Gelassenheit. Diese Welt ist sehr schön, und wir alle könnten eine gute Zeit haben. Statt dessen sind wir nervös und beherrscht von der Angst, etwas zu verlieren, das in Wirklichkeit gar nicht wichtig ist. Das ist schade. Auf der anderen Seite haben wir alle die Chance, jeden Tag neu anzufangen. Ich sage mir jeden Morgen, egal was am Tag zuvor war: Es macht nichts, ich kann es ja noch mal versuchen.»

Und das tut Janwillem van de Wetering mit nach wie vor großem Erfolg. Möglich, daß auch Sie einige ruhige, gelassene Stunden nach einem seiner Essen haben – wir wünschen Ihnen dazu guten Appetit.

DIE MÖRDERISCHEN GELÜSTE
DES ALFRED HITCHCOCK

Einiges über die dunkle Seite
eines Genies

Der fette Mann hatte es mit seiner Psyche nicht leicht. Als Engländer glaubte er, nach außen hin keine starken emotionalen Regungen zeigen zu dürfen. Früh schon legte er sich einen dicken Schutzpanzer an und übte einen speziellen Humor. Was er in sich hineinfraß, ließ er andere ausschwitzen. Oder schlimmer noch. Bekannt ist, daß er als junger Mann mit einem Bühnenarbeiter gewettet hatte, der würde sich nicht trauen, eine Nacht angekettet an die Kamera im Studio zu verbringen. Die Wette wurde angenommen, und das feiste Monster flößte dem Arglosen mit einem Brandy ein starkes Abführmittel ein. Am nächsten Morgen war der Mann ein Haufen Elend.

Es gibt viele üble Geschichten, die Mr. Hitchcock ausgeheckt hat. Seine Filme beinhalten das, was der Biograph Donald Spoto «die dunkle Seite des Genies» nennt. In ihnen kommen all die Ängste und Phantasien ans Licht, die den sich ansonsten phlegmatisch gebenden Lebemann zeitlebens heimsuchten.

«Stewarts Anstrengungen, die Frau wiederaufersteben zu lassen, werden filmisch so gezeigt, als versuche er sie nicht an-, sondern auszuziehen», erzählte Hitchcock freimütig François Truffaut. «Die Szene, die meinen Vorstellungen am genauesten entspricht, ist die, nachdem sich das Mädchen das Haar wieder hat blondieren lassen. James Stewart ist immer noch nicht ganz zufrieden, weil sie das Haar nicht zum Knoten hochgenommen hat. Was heißt das? Das heißt, fast steht sie nackt vor ihm, sie braucht nur noch den Slip auszuziehen. James Stewart verlegt sich aufs Bitten, und sie sagt: ‹Gut, ich mach's schon›, und geht ins Bad zurück. James Stewart wartet. Er wartet darauf, daß sie diesmal nackt zurückkommt, bereit zur Liebe.» Bereit für Hitch.

James Stewarts Partnerin in «Vertigo» war Kim Novak. Hitchcock hatte sich für die Rolle Vera Miles gewünscht, ein bevorzugtes Objekt seiner heimlichen Begierde – «das Mädchen, das die Nachfolgerin von Grace Kelly werden wird». Eine echte, kühle Blondine also. Doch Vera Miles sagte ab.

«Vera packt nicht die Chance ihres Lebens beim Schopf, sondern hat sich schwängern lassen», hat der tief enttäuschte Hitch geschrien. «Sie wäre mit diesem Film zu einem leibhaftigen Star geworden, aber sie konnte nicht ihrem Tarzan von Ehemann, Gordon Scott, widerstehen. Sie hätte eine Medizin gegen Dschungelkrankheit nehmen sollen!»

Kim Novak mußte dann im wahrsten Sinne des Wortes Hitchcocks Frust ausbaden. Er ließ sie für eine Szene immer wieder ins kalte Wasser springen, sich frisch anziehen und so weiter und so fort. Das war seine Rache – weil er mit ihr drehen mußte, sie nicht seinem Ideal entsprach. Grace Kelly war eine seiner «Traumfrauen». In «Über den Dächern von Nizza» picknickt sie mit ihrem

Filmpartner Cary Grant und fragt ihn: «Brust oder Schenkel?» Sie bietet Hühnerteile an. Was aber eigentlich gemeint ist, muß nicht breit erklärt werden. Der Vielfraß Hitchcock hätte nur zu gern seinen sexuellen Hunger an der Schauspielerin gestillt.

In beinahe allen Filmen Hitchcocks spielt Essen und Trinken eine wesentliche Rolle, kommen sich die jeweiligen Personen bei einer Mahlzeit näher. Ebenfalls in «Über den Dächern von Nizza» verspeist Cary Grant mit dem Versicherungsmann eine Quiche Lorraine.

In Hitchcocks vorletztem Film «Frenzy» wurde Essen dann schließlich zum Hauptdarsteller. Das beginnt mit einem genüßlich eingenommenen Frühstück.

Inspektor Oxford sitzt in seinem Büro am Schreibtisch. Vor sich einen Teller mit gebratenen Würsten, Schinken und Eiern. Er schneidet ein Stück Wurst ab, spießt es auf und führt die Gabel zum Mund. Neben ihm sitzt Sergeant Spearman, der interessiert auf den Teller seines Chefs schaut. Eine Beamtin kommt herein und serviert eine Kanne Tee, Milch und Zucker, Inspektor Oxford blickt kaum auf, ißt mit sichtbar gutem Appetit weiter. Spearman macht eine Bemerkung.

«Scheint Ihnen zu munden, Sir.»

«Sergeant», erwidert Oxford kauend. «Meine Frau nimmt offensichtlich an einem Kursus über die französische Feinschmeckerküche teil. Offenbar haben die noch nichts von der Notwendigkeit gehört, daß man in unserem Lande kräftig frühstücken muß, und zwar dreimal täglich. Ein echt englisches Frühstück natürlich, nicht dieses komische Café au lait.»

«Wie bitte, Sir?»

«Halb Kaffee und halb gekochte Milch, worin die Haut rumschwimmt, und ein süßes Brötchen, das aus Luft besteht. Das habe ich heute morgen gegessen.»

«Oh, verstehe vollkommen, Sir. Ich bin mehr für Haferflocken zum Frühstück.»

Da kann der Inspektor nur trocken lachen.

Als Inspektor Oxford aber abends nach Hause kommt, hat er nichts mehr zu lachen. Seine Frau hantiert in der Küche.

«Bist du es, Tim?» ruft sie, als er die Wohnungstür schließt.

BRUST ODER SCHENKEL

• •

Ein junges, nicht zu fettes Huhn auswaschen und trockenreiben. Salz einstreuen und mit 3–4 Salatherzen von Kopfsalat und einer Handvoll frischer Petersilie füllen und zunähen. Den Vogel in dünne Speckscheiben wickeln und auf dem Bratrost grillen. Wenn er anfängt zu bräunen, die Speckscheiben entfernen und löffelweise mit kaltem Wasser begießen. Ca. 40 Minuten braten lassen, kühl stellen.

QUICHE LORRAINE

• •

Eine Tortenform mit ungezuckertem Mürbeteig auslegen. Kleine, dünne Räucherspeckscheiben darüberlegen, mit dünnen Scheiben Emmentaler Käse bedecken, gewürzter Eiermilch übergießen und die Torte im Ofen backen.

KRÄFTIG FRÜHSTÜCKEN

• •

Eine Grapefruit aufschneiden und die Hälften servieren. Tee kochen und einen Stapel Toast rösten. Frühstücksspeck in eine Grillpfanne und ohne Fett rösten. Cocktailwürstchen dazu rösten und eventuell noch Champignons dünsten. Mindestens 2 Spiegeleier dazu.

FISCHSUPPE

● ●

500 g Fisch – Kabeljau, Steinbeißer, Rotbarsch, Seelachs, Steinbutt – in mundgerechte Stücke schneiden. 1 Zwiebel, 2 Möhren, 1 Stange Lauch fein geschnitten in einem Topf mit 1 EL Butter andünsten und mit 1/4 l trockenem Weißwein und 3/4 l Wasser auffüllen. Eine kleingehackte Knoblauchzehe, 1 Lorbeerblatt, 1 EL Thymian hinzu und mit Salz, Pfeffer und etwas Safran würzen. Den Fisch hineingeben und bei mittlerer Hitze 5 – 10 Minuten ziehen lassen. Natürlich können die verschiedensten Fische, auch Krabben und Miesmuscheln, verwendet werden. Variieren läßt sich die Suppe mit gewürfelten Paprikaschoten, Ingwerscheiben, Chilischoten, Fenchel und Tomaten.

WACHTEL MIT SCHWARZEN TRAUBEN

● ●

Die ausgenommene Wachtel innen und außen mit Salz und gestoßenem grünem Pfeffer einreiben, in Butter anbraten und für 12 – 16 Minuten in den vorgeheizten Grill geben. 1/2 Tasse Cognac anwärmen, anzünden und brennend über die Wachtel geben. Wachtel mit Stanniol zudecken und bei 50 °C im Backofen warm halten. 0,2 l Weißwein, kleingeschnittener, gebratener Speck, 2 EL Zitronensaft, 2 EL Tomatenmark, 1 gehackte Zwiebel, 1 Prise Cayennepfeffer, 1/4 TL Rauchsalz und den abgetropften Flambier-Cognac zum Bratfett geben, auf die Hälfte einkochen lassen, durch ein Sieb geben, Crème fraîche dazugeben, erhitzen und eventuell nachwürzen. Wachtel mit schwarzen Trauben garnieren.

«Ja, Schatz.»

Sie kommt ins Eßzimmer und zündet die Kerzen auf dem festlich gedeckten Tisch an. «Hunger?»

Oxford wirft einen skeptischen Blick in die Küche, küßt seine Frau flüchtig und sagt zögernd: «Ja.» Mrs. Oxford serviert ihrem Mann als ersten Gang eine Fischsuppe.

Inspektor Oxford löffelt Petermännchen und Calamare heimlich zurück in die Terrine, während seine Frau in der Küche den gebratenen Wachteln schwarze Weintrauben beilegt – das Vögelchen gibt Oxford den Rest.

«Mir ist nicht ganz wohl in meiner Haut», gesteht er.

«Du meinst wegen Blaney?»

«Ja, er ist mit einer Bardame auf und davon, mit der er zusammen gearbeitet hat. Ich fürchte, daß sie in großer Gefahr ist.»

«Ich glaube, du irrst dich, Tim. Du bist völlig im Irrtum. Dieser Bursche kann es gar nicht sein. Ja, was sagst du, wie lange er verheiratet war?»

«Zehn Jahre», stöhnt Oxford.

«Bitte, da hast du's. Ein crime de passion, nach so vielen Jahren. Sieh uns doch an. Wir sind noch nicht mal acht Jahre verheiratet, und es kostet dich Anstrengung, abends die Augen aufzuhalten.»

«Ja, das mag sein. Aber ich prügle dich auch nicht halb zu Tode oder zwinge dich, obszöne Dinge zu tun.»

Oxford wirft einen letzten, verzweifelten Blick auf die Wachtel und greift zu Messer und Gabel. Er leidet.

«Die so unappetitlich zubereiteten Feinschmecker-Menüs werden in Verbindung gebracht mit späteren Augenblicken von Horror», schreibt Hitchcock-Biograph Donald Spoto. «Außerdem stochert der Killer nach dem Mord mit der Krawattennadel in seinen Zähnen herum – ein Detail, das Hitchcock ganz spät noch hinzufügte. Die Dialoge in ‹Frenzy› sind mit Verweisen auf die (physisch) hungernden Menschen der Welt und die (emotional) hungernden Figuren der Geschichte des Films durchsetzt; und der Inspektor spricht vom ‹angeregten Appetit› des Killers,

als er sich mit ungenießbarem Essen herum-
schlägt. Hitchcock benutzt die fachmännische
Technik des Films dazu, eine Welt zu beschreiben, für die er jede Hoffnung aufgegeben hat.
Covent Garden mit seinen reichhaltigen Pro-
dukten kann die gräßlichen Verbrechen eines
Gemüsehändlers, der sich seine Opfer aneig-
net wie Nahrung, nicht verdecken. ‹Das ist
Covent Garden, nicht der Garten der Liebe›, sagte eine der Figuren; es ist statt dessen ein Garten
der Lust, und das Paradies des Überflusses, für das Covent Garden steht, verfault langsam, aber
unerbittlich. (‹Manchmal›, sagte eine andere Figur, ‹verursacht mir der bloße Gedanke an die
Gelüste der Menschen Brechreiz.›)

Man handelt mit den bitteren Früchten menschlicher Ausbeutung, Menschen werden des
anderen Nahrung, zu Hause wird kein anständiges Essen serviert; einer kauft einem anderen
eine Mahlzeit, ein anderer sehnt sich nach einer Mahlzeit, ein anderer wird eine Mahlzeit. Essen
oder Freundschaft ist nicht appetitanregend, alle Beziehungen sind steril oder enden mit Mord.»

Offener und eindringlicher als in «Frenzy» hat Hitchcock nie zuvor seine Psyche offenbart –
bis hin zu der widerlichen Vergewaltigung. Bei «Marnie» mit Tippi Hedren hielt er sich noch –
filmisch zumindest – zurück. Daß er sie während der Dreharbeiten privat vehement bedrängte,
ist auch bei Spoto nachzulesen und mehr als ein trauriges Kapitel. Er wollte mit ihr schlafen und
glaubte den Weg dazu mit Wein und Delikatessen geebnet zu haben.

In dem Film gibt es dafür eine entsprechend aufschlußreiche Szene. Marnie will ihre Mutter
besuchen. Ihr wird von der kleinen Nachbarstochter die Tür geöffnet.

«Wo ist meine Mutter?» fragt Marnie.

«Sie backt gerade Mandelplätzchen. Für mich.»

«Ja, für dich. Natürlich.»

Mandelplätzchen als Ausdruck von Liebe – was die Mutter ihrer Tochter verweigerte, präsen-
tierte Hitchcock seiner Hauptdarstellerin und konnte nicht begreifen, daß sie sich dennoch verweigerte.

«Daß er seine blonde Zwangsvorstellung nie wirklich erobern konnte, weder mit Güte noch
mit Gewalt, ist das Elend seines Lebens», war in einer Rezension des Spoto-Buches zu lesen.
«Aber da er auch ein dicker, romantischer Ritter war, dessen Rüstung die Verklemmung abgab,
wäre er, konfrontiert mit der Erfüllung seiner Sexual-Träume, wohl noch unglücklicher gewesen. Die Panik eines erhörten Hitch ist nicht auszumalen. Er brauchte sein Martyrium.» – Für
seine genialen Filme.

MANDELPLÄTZCHEN

• •

**100 g Zucker mit 2 Eiweiß leicht schaumig schlagen.
50 g Mehl, 40 g Mandelstifte
und 50 g zerlassene Butter daruntermischen.
Den Teig in flache Häufchen auf ein gefettetes Backblech
setzen, mit Puderzucker bestäuben und backen.
Noch warm über ein Rollholz biegen.**

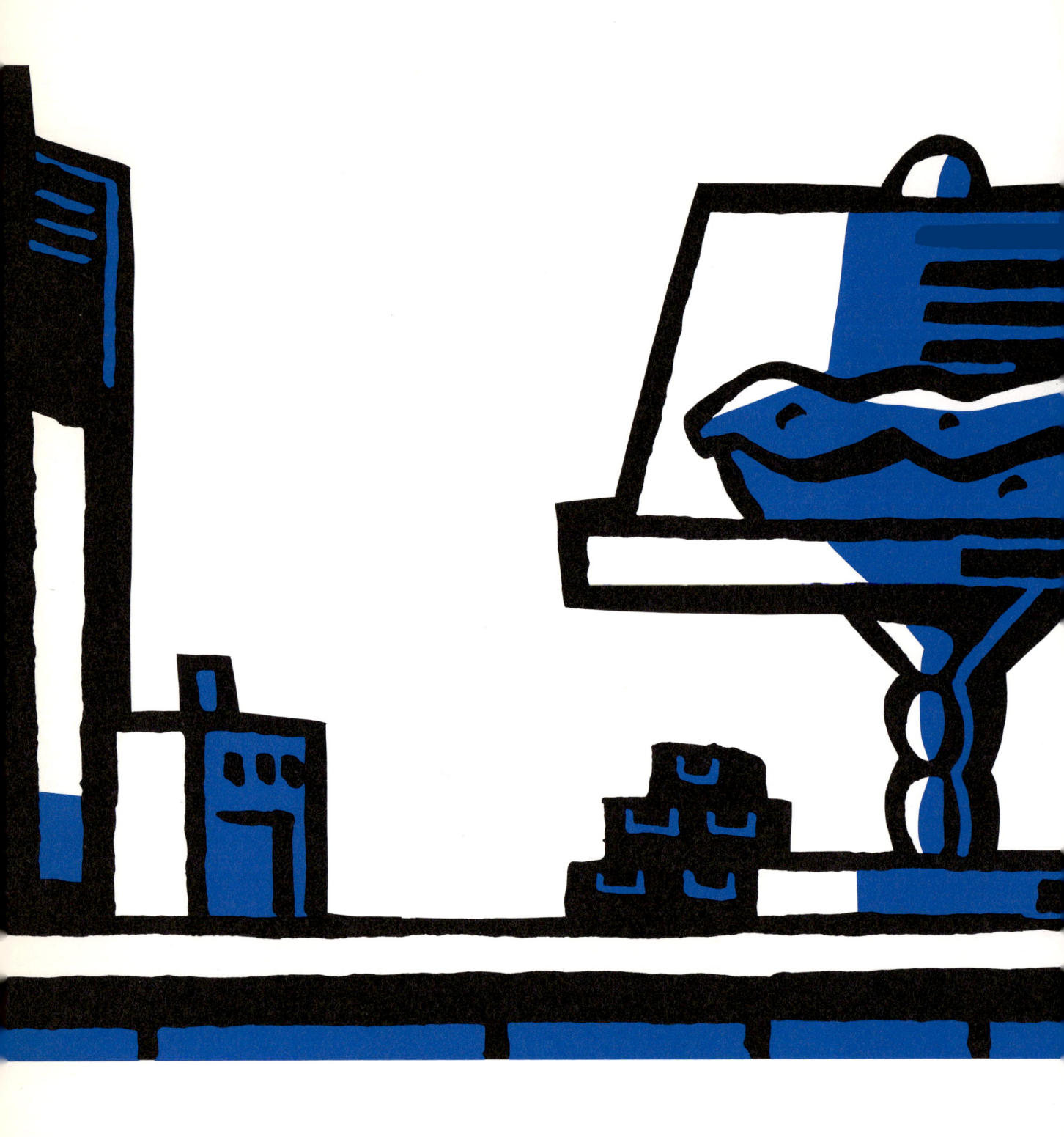

ANHANG

VERZEICHNIS DER REZEPTE

SAUCEN

SÜSS-SPEISEN

EINE AUSWAHL-BIBLIOGRAPHIE

RICK BOYER

1982   Billingsgate Shoal (dt.: Untiefe, 1984)
1984   The Penny Ferry (dt.: Die fehlenden Finger, 1985)
1986   The Daisy Ducks (dt.: Die Daisy Ducks, 1988)
1987   Moscow Metal (dt.: Russengift, 1989)

RAYMOND CHANDLER

1939   The Big Sleep (dt.: Der große Schlaf, 1974)
1940   Farewell, My Lovely (dt.: Lebwohl, mein Liebling, 1976)
1942   The High Window (dt.: Das hohe Fenster, 1975)
1944   The Lady In The Lake (dt.: Die Tote im See, 1976)
1949   The Little Sister (dt.: Die kleine Schwester, 1975)
1954   The Long Good-Bye (dt.: Der lange Abschied, 1975)
1958   Playback (dt.: Playback, 1976)
1959   Chandler's Stories And Essays (dt.: Englischer Sommer, 1980)
1962   Raymond Chandler Speaking (dt.: Die simple Kunst des Mordes, 1975)
1964   Killer In The Rain (dt.: Mord im Regen, 1976)
1965   The Smell Of Fear (dt.: Erpresser schießen nicht/König in Gelb/Gefahr ist mein Geschäft, 1980)

DELACORTA
(D. I. DANIEL ODIER)

1979   Nina (dt.: Nina, 1980)
1979   Diva (dt.: Diva, 1983)
1979   Luna (dt.: Luna, 1981)

JAMES ELLROY

1981   Brown's Requiem (dt.: Browns Grabgesang, 1986)
1982   Clandestine (dt.: Heimlich, 1986)
1984   Blood on the Moon (dt.: Blut auf dem Mond, 1986)
1984   Because the Night (dt.: In der Tiefe der Nacht, 1987)
1986   Suicide Hill (dt.: Hügel der Selbstmörder, 1987)
1986   Silent Terror (dt.: Stiller Schrecken, 1989)
1987   The Black Dahlia (dt.: Die Schwarze Dahlie, 1988)
1988   The Big Nowhere (dt.: Blutschatten, 1989)

ALAN FURST

1981   The Caribbean Account (dt.: Tödliche Karibik, 1984)

FRIEDRICH GLAUSER

1936   Wachtmeister Studer
1936   Matto regiert
1938   Die Fieberkurve
1939   Der Chinese
1941   Krock & Co
1941   Der Tee der drei alten Damen

PAULA GOSLING

1978   A Running Duck (dt.: Töten ist ein einsames Geschäft, 1980)

SUE GRAFTON

1982   A is for Alibi (dt.: A wie Alibi, 1987)
1985   B is for Burglar (dt.: B wie Bruch, 1987)
1986   C is for Corpse (dt.: C wie Callahan, 1988)
1987   D is for Deadbeat (dt.: D wie Drohung, 1989)
1988   E is for Evidence (dt.: E wie Eigennutz, 1989)

DASHIELL HAMMETT

1929   Red Harvest (dt.: Rote Ernte, 1976)
1929   The Dain Curse (dt.: Der Fluch des Hauses Dain, 1976)
1930   The Maltese Falcon (dt.: Der Malteser Falke, 1974)
1931   The Glass Key (dt.: Der gläserne Schlüssel, 1976)
1934   The Thin Man (dt.: Der dünne Mann, 1976)
1966   The Big Knockover. Selected Stories And Short Novels (dt.: Fliegenpapier/Fracht für China/Das große Umlegen, 1976)
1974   The Continental Op (dt.: Das große Umlegen/Das Haus in der Turk Street/Das Dingsbums Küken, 1976/1978)

CHESTER HIMES

1959   The Five-Cornered Square (dt.: Die Geldmacher von Harlem, 1976)
1959   The Crazy Kill (dt.: Fenstersturz in Harlem, 1975)
1959   The Real Cool Killers (dt.: Heiße Nacht für kühle Killer, 1969)
1960   All Shot Up (dt.: Harlem dreht durch, 1967)
1960   The Big Gold Dream (dt.: Der Traum vom großen Geld, 1969)
1965   Cotton comes to Harlem (dt.: Schwarzes Geld für weiße Gauner, 1967)
1966   The Heat's On (dt.: Heroin für Harlem, 1968)
1966   Run Man Run (dt.: Lauf, Nigger, lauf, 1968)
1969   Blind Man With A Pistol (dt.: Blind, mit einer Pistole, 1974)

ANNE D. LECLAIRE

1985   Land's End (dt.: Herr, leite mich in Deiner Gerechtigkeit, 1987)

MANUEL VÁZQUEZ MONTALBÁN

1972   Yo maté a Kennedy (dt.: Ich tötete Kennedy, 1989)
1976   Tatuaje (dt.: Carvalho und die tätowierte Leiche, 1985)
1977   La soledad del manager (dt.: Carvalho und der tote Manager, 1984)
1979   Los mares del Sur (dt.: Tahiti liegt bei Barcelona, 1985)
1981   Asesinato en el Comité Central (dt.: Carvalho und der Mord im Zentralkomitee, 1985)
1983   Los pájaros de Bangkok (dt.: Die Vögel von Bangkok, 1987)
1984   La Rosa de Alejandria (dt.: Die Rose von Alexandria, 1987)
1986   El Balneario (dt.: Manche gehen baden, 1988)
1987   Tres historias de amor (dt.: Lauras Asche, 1988)
1987   Historias de política ficción (dt.: Zur Wahrheit durch Mord, 1989)

L. A. MORSE

1982   The Big Enchilada (dt.: Ein fetter Brocken, 1987)
1984   Sleaze (dt.: Sleaze, 1987)

POUL ØRUM

1972   Syndebuk (dt.: Einer soll geopfert werden, 1980)
1974   Kun Sandheden (dt.: Was ist Wahrheit?, 1981)
1976   Tavse Vidner (dt.: Stumme Zeugen, 1981)

JERRY OSTER

1980   Port Wine Stain (dt.: New York Babylon, 1986)

1985   Sweet Justice (dt.: Dschungelkampf, 1987)

1987   Nowhere Man (dt.: Nowhere Man, 1989)

1987   Saint Mike (dt.: Saint Mike, 1990)

ROBERT B. PARKER

1973   The Godwulf Manuscript (dt.: Spenser und das gestohlene Manuskript, 1984)

1974   God Save The Child (dt.: Kevins Weg ins andere Leben, 1985)

1978   The Judas Goat (dt.: Kopfpreis für neun Mörder, 1988)

1980   Looking For Rachel Wallace (dt.: Bodyguard für eine Bombe, 1988)

1981   Early Autumn (dt.: Finale im Herbst, 1988)

PATRICIA ROBERTS

1983   Tender Prey (dt.: Gebrochene Flügel, 1985)

SJÖWALL/WAHLÖÖ

1965   Roseanna (dt.: Die Tote im Götakanal, 1986)

1966   Mannen Som Gick Upp I Röck (dt.: Der Mann, der sich in Luft auflöste, 1986)

1967   Mannen På Balkongen (dt.: Der Mann auf dem Balkon, 1986)

1968   Den Skrattande Polisen (dt.: Endstation für neun, 1986)

1969   Brandbilen Som Försvann (dt.: Alarm in Sköldgatan, 1969)

1970   Polis, Polis, Potatismos (dt.: Und die Großen läßt man laufen, 1986)

1971   Den Vedervärdige Mannen Från Säffle (dt.: Das Ekel aus Säffle, 1986)

1972   Det Slutna Rummet (dt.: Verschlossen und verriegelt, 1986)

1974   Polismördaren (dt.: Der Polizistenmörder, 1986)

1975   Terroristerna (dt.: Terroristen, 1986)

CHARLES MERRILL SMITH

1977   Reverend Randollph And The Avenging Angel (dt.: Reverend Randollph und der Racheengel, 1979)

1978   Reverend Randollph And The Fall From Grace, Inc. (dt.: Die Gnade GMBH, 1981)

1980   Reverend Randollph And The Holy Terror (dt.: Schwarze Engel – Ein neuer Fall für Reverend Randollph, 1982)

1983   Reverend Randollph And The Unholy Bible (dt.: Reverend Randollph und die 6. Todsünde, 1984)

REX STOUT

1938   Too Many Cooks (dt.: Zu viele Köche, 1986)

1942   Cordially Invited To Meet Death (dt.: Der Tod gibt sich die Ehre, 1980)

1953   The Golden Spiders (dt.: Die goldenen Spinnen, 1986)

1956   When A Man Murders (dt.: Wenn ein Mann mordet, 1983)

1959   Plot It Yourself (dt.: Das Plagiat, 1986)

1960   Too Many Clients (dt.: Zu viele Klienten, 1970)

1969   Death Of A Dude (dt.: Blutige Blaubeeren, 1988)

JIM THOMPSON

1952   The Killer Inside Me (dt.: Der Mörder in mir, 1982)

1952   Cropper's Cabin (dt.: Liebe ist kein Alibi, 1988)

1953   Recoil (dt.: Rückschlag, 1988)

1953 Bad Boy (dt.: Bad Boy – Eine amerikanische Jugend, 1987)
1954 A Hell Of A Woman (dt.: Höllenweib, 1988)
1954 A Swell-Looking Babe (dt.: Ein süßes Kind, 1986)
1956 After Dark, My Sweet (dt.: Nach Einbruch der Dunkelheit, 1984)
1957 Wild Town (dt.: Gefährliche Stadt, 1984)
1957 The Kill-Off (dt.: Das Abtöten, 1988)
1958 Getaway (dt.: Getaway, 1983)
1959 Nothing More Than Murder (dt.: Nichts als Mord, 1989)
1963 The Griffers (dt.: Die Abzocker, 1987)
1964 Pop 1280 (dt.: 1280 Schwarze Seelen, 1983)
1965 Texas By The Tail (dt.: Texas an der Kehle, 1988)

JOSEPH WAMBAUGH

1970 The New Centurions (dt.: Nachtstreife, 1985)
1972 The Blue Knight (dt.: Der müde Bulle, 1983)
1973 The Onion Field (dt.: Tod im Zwiebelfeld, 1984)
1975 The Choirboys (dt.: Die Chorknaben, 1984)
1978 The Black Marble (dt.: Ein guter Polizist, 1982)
1981 The Glitter Dome (dt.: Der Hollywood-Mord, 1982)
1983 The Delta Star (dt.: Der Delta-Stern, 1984)
1984 Lines And Shadows (dt.: Die San-Diego-Mission, 1986)

JANWILLEM VAN DE WETERING

1975 Outsider In Amsterdam (dt.: Outsider in Amsterdam, 1977)
1975 Buitelkruid (dt.: Eine Tote gibt Auskunft, 1978)
1976 The Corpse On The Dike (dt.: Der Tote am Deich, 1978)

1977 Death Of A Hawker (dt.: Tod eines Straßenhändlers, 1978)
1977 The Japanese Corpse (dt.: Ticket nach Tokio, 1979)
1978 The Blond Baboon (dt.: Der blonde Affe, 1979)
1979 The Maine Massacre (dt.: Massaker in Maine, 1979)
1981 The Mind-Murders (dt.: Ketchup, Karate und die Folgen, 1982)
1983 Streetbird (dt.: Der Commissaris fährt zur Kur, 1983)
1984 De Ratelrat (dt.: Rattenfang, 1986)
1985 De Zaak Ijsbreker (dt.: Der Feind aus alten Tagen, 1987)

CHARLES WILLEFORD

1984 Miami Blues (dt.: Miami Blues, 1987)
1985 New Hope For The Dead (dt.: Auch die Toten dürfen hoffen, 1988)
1987 Sideswipe (dt.: Seitenhieb, 1988)
1988 The Way We Die Now (dt.: Bis uns der Tod verbindet, 1990)

WILLIAM WINGATE

1980 Hardcare's Way (dt.: Die Vergeltung des Fremden, 1982)

QUELLENNACHWEIS

Seite 14: Jim Thompson, Bad Boy. *Berlin 1987, S. 5*

Seite 14: Jim Thompson, Bad Boy. *Berlin 1987, S. 133f.*

Seite 14: Jim Thompson, Bad Boy. *Berlin 1987, S. 137f.*

Seite 15: Jim Thompson, Bad Boy. *Berlin 1987, S. 148ff.*

Seite 15: Jim Thompson, Der Mörder in mir. *Berlin 1982, S. 5*

Seite 15: Jim Thompson, Der Mörder in mir. *Berlin 1982, S. 153*

Seite 15: Jim Thompson, 1280 schwarze Seelen. *Berlin 1983, S. 10*

Seite 15: Jim Thompson, 1280 schwarze Seelen. *Berlin 1983, S. 7*

Seite 16: Jim Thompson, 1280 schwarze Seelen. *Berlin 1983, S. 144f.*

Seite 18: Raymond Chandler, Lebwohl, mein Liebling. *Roman. Deutsch von Wulf Teichmann*
© 1976 by Diogenes Verlag AG Zürich, S. 293f.

Seite 18: Raymond Chandler, Der lange Abschied. *Roman. Deutsch von Hans Wollschläger*
© 1980 by Diogenes Verlag AG Zürich, S. 333

Seite 22: Dashiell Hammett, Der Malteser Falke. *Roman. Deutsch von Peter Naujack*
© 1974 by Diogenes Verlag AG Zürich, S. 93

Seite 22: zitiert nach: William F. Nolan, Dashiell Hammett. Eine Biografie.
Berlin 1985, S. 97

Seite 23: James Ellroy, Blut auf dem Mond. *Berlin 1986, S. 12*

Seite 23: James Ellroy, In der Tiefe der Nacht. *Berlin 1987, S. 159*

Seite 23: James Ellroy, Hügel der Selbstmörder. *Berlin 1987, S. 5*

Seite 24: Gespräch James Ellroy/Holger H. Hoetzel (unveröffentlicht)

Seite 26: James Ellroy, Die schwarze Dahlie. *Berlin 1988, S. 475f.*

Seite 26: James Ellroy, Blutschatten. *Berlin 1988, S. 23*

Seite 27: James Ellroy, Blutschatten. *Berlin 1989, S. 409*

Seite 27: Joseph Wambaugh, Der müde Bulle. *München 1984, S. 51f.*

Seite 28: zitiert nach: Wolf-Eckart Bühler/Felix Hofmann, Filmkritik 213.
München 1974, S. 417

Seite 32: Sue Grafton, C wie Callahan. *Berlin 1988, S. 22*

Seite 32: Sue Grafton, B wie Brunch. *Berlin 1987, S. 183*

Seite 32: Sue Grafton, E wie Eigennutz. *Berlin 1989, S. 86f.*

Seite 33: Sue Grafton, E wie Eigennutz. *Berlin 1989, S. 133*

Seite 34: Sue Grafton, A wie Alibi. *Berlin 1987, S. 139*

Seite 35: Sue Grafton, A wie Alibi. *Berlin 1987, S. 204*

Seite 36: Sue Grafton, A wie Alibi. *Berlin 1987, S. 17*

Seite 36: Sue Grafton, A wie Alibi. *Berlin 1987, S. 87*

Seite 37: L. A. Morse, Ein fetter Brocken. *Berlin 1987, S. 10*

Seite 38: L. A. Morse, Ein fetter Brocken. *Berlin 1987, S. 9*

Seite 38: L. A. Morse, Ein fetter Brocken. *Berlin 1987, S. 35*
Seite 39: L. A. Morse, Ein fetter Brocken. *Berlin 1987, S. 38*
Seite 40: L. A. Morse, Ein fetter Brocken. *Berlin 1987, S. 128*
Seite 40: L. A. Morse, Ein fetter Brocken. *Berlin 1987, S. 54*
Seite 40: L. A. Morse, Ein fetter Brocken. *Berlin 1987, S. 219ff.*
Seite 41: L. A. Morse, Sleaze. *Berlin 1987, S. 4*
Seite 41: L. A. Morse, Sleaze. *Berlin 1987, S. 222*
Seite 43: Jerry Oster, New York Babylon. *Reinbek 1986, S. 51f.*
Seite 44: Jerry Oster, Dschungelkampf. *Reinbek 1987, S. 7f.*
Seite 45: Jerry Oster, Dschungelkampf. *Reinbek 1987, S. 13*
Seite 45: Jerry Oster, Dschungelkampf. *Reinbek 1987, S. 184f.*
Seite 46: Jerry Oster, Dschungelkampf. *Reinbek 1987, S. 86f.*
Seite 46: Jerry Oster, Nowhere Man. *Reinbek 1989, S. 43f.*
Seite 47: Jerry Oster, Nowhere Man. *Reinbek 1989, S. 26*
Seite 48: Jerry Oster, Saint Mike. *Reinbek 1990, S. 27*
Seite 52: Chester Himes, Die Geldmacher von Harlem. *Reinbek 1976, S. 90*
Seite 52: Chester Himes, Die Geldmacher von Harlem. *Reinbek 1976, S. 8*
Seite 52: Chester Himes, Die Geldmacher von Harlem. *Reinbek 1976, S. 35*
Seite 53: Chester Himes, Die Geldmacher von Harlem. *Reinbek 1976, S. 43f.*
Seite 54: Chester Himes, Die Geldmacher von Harlem. *Reinbek 1976, S. 67f.*
Seite 54: Jörg Fauser, Der Strand der Städte. *Berlin 1978, S. 50f.*
Seite 55: zitiert nach: Karl-Heinz Krüger, Oh, Baby. Scheiße. Wie ist das gekommen.
Der Spiegel, Hamburg 1989
Seite 55: Chester Himes, Blind, mit einer Pistole. *Reinbek 1974, S. 43f.*
Seite 56: Chester Himes, Harlem dreht durch. *Reinbek 1976, S. 67*
Seite 57: Chester Himes, Blind, mit einer Pistole. *Reinbek 1974, S. 220f.*
Seite 59: Robert B. Parker, Kevins Weg ins andere Leben. *Berlin 1985, S. 45f.*
Seite 60: Jochen Schmidt, Gangster, Opfer, Detektive. *Berlin 1988, S. 150*
Seite 60: Robert B. Parker, Kopfpreis für neun Mörder. *Berlin 1988, S. 58*
Seite 62: Robert B. Parker, Finale im Herbst. *Berlin 1988, S. 43ff.*
Seite 62: zitiert nach: John C. Carr, Mord ist ihr Geschäft. *Berlin 1986, S. 34f.*
Seite 66: Rick Boyer, Die Daisy Ducks. *Berlin 1988, S. 118ff.*
Seite 71: William Wingate, Die Vergeltung des Fremden. *Berlin 1982, S. 5*
Seite 72: William Wingate, Die Vergeltung des Fremden. *Berlin 1982, S. 189f.*
Seite 72: Paula Gosling, Töten ist ein einsames Geschäft. *Reinbek 1986, S. 70*
Seite 73: Patricia Roberts, Gebrochene Flügel. *Reinbek 1985, S. 32f.*
Seite 74: Anne D. LeClaire, Herr, leite mich in Deiner Gerechtigkeit. *Reinbek 1987, S. 16*
Seite 75: Anne D. LeClaire, Herr, leite mich in Deiner Gerechtigkeit. *Reinbek 1987, S. 140f.*
Seite 79: Charles Willeford, Miami Blues. *Berlin 1987, S. 32*
Seite 83: Charles Willeford, Miami Blues. *Berlin 1987, S. 170*

Seite 84: zitiert nach: Nachwort zu Miami Blues. *Berlin 1987, S. 186*

Seite 84: Charles Willeford, Miami Blues. *Berlin 1987, S. 70*

Seite 88: Charles M. Smith, Die Gnade GmbH. *Aus: Merill Smith, Die Gnade.*

Alle Rechte an der deutschen Übersetzung von Mechthild Candberg-Ciletti

Wilhelm Goldmann Verlag GmbH, München, S. 78

Seite 90: Charles M. Smith, Reverend Randollph und der Racheengel.

Aus: Merill Smith, Reverend Randollph und der Racheengel.

Alle Rechte an der deutschen Übersetzung von Mechthild Candberg-Ciletti

Wilhelm Goldmann Verlag GmbH, München, S. 35

Seite 93: Rex Stout, Schwarze Orchideen. *Berlin 1980, S. 123*

Seite 93: Rex Stout, Goldene Spinnen. *München 1986, S. 54*

Seite 94: Rex Stout, Das Plagiat. *München 1986, S. 73*

Seite 96: Rex Stout, Zu viele Köche. *München 1986, S. 12*

Seite 107: Delacorta, Nina. *München 1986, S. 15f.*

Seite 110: Delacorta, Nina. *München 1986, S. 112*

Seite 113: Friedrich Glauser, Mensch im Zwielicht. *Darmstadt 1988, S. 117*

Seite 114: Friedrich Glauser, Morphium. *Zürich 1987, S. 21f.*

Seite 114: Friedrich Glauser, Dada, Ascona. *Zürich 1976, S. 54f.*

Seite 116: Friedrich Glauser, Mensch im Zwielicht. *Darmstadt 1988, S. 50*

Seite 117: zitiert nach: Gerhard Saner, Friedrich Glauser. Eine Biografie. *Zürich 1981, S. 272*

Seite 117: Friedrich Glauser, Wachtmeister Studers erste Fälle. *Zürich 1986, S. 9*

Seite 118: Friedrich Glauser, Matto regiert. *Zürich 1973, S. 60*

Seite 122: Poul Ørum, Einer soll geopfert werden. *Reinbek 1980, S. 7f.*

Seite 123: Poul Ørum, Einer soll geopfert werden. *Reinbek 1980, S. 46*

Seite 127: Sjöwall/Wahlöö, Die Tote im Götakanal. *Reinbek 1986, S. 12f.*

Seite 129: Sjöwall/Wahlöö, Der Polizistenmörder. *Reinbek 1986, S. 215*

Seite 130: Sjöwall/Wahlöö, Die Terroristen. *Reinbek 1986, S. 58*

Seite 134: Janwillem van de Wetering, Der blonde Affe. *Reinbek 1979, S. 60*

Seite 135: Janwillem van de Wetering, Tod eines Straßenhändlers. *Reinbek 1978, S. 116*

Seite 138: zitiert nach: Interview der Firma Dannemann. Zeitschriftenwerbung.

Seite 140: François Truffaut, Mr. Hitchcock, Wie haben Sie das gemacht? *München 1984, S. 238*

Seite 143: Donald Sloto, Alfred Hitchcock. *Hamburg 1984, S. 606f.*

Gisela Krahl · Andrea Riepe

WONNESTUNDEN

· ·

Betörende Düfte, schlüpfrige Öle und berüchtigte Salben.
Erotische Räucherungen und Aromalampen für die liebevolle Erleuchtung.
Die Wonne in der Wanne. Aphrodisische Gaumenfreuden.
Kissen zum Küssen. Ein Tag und eine Nacht aus lauter Lust und Liebe.

Illustrationen von Brian Grimwood
192 Seiten · Zahlreiche vierfarbige Abbildungen · Gebunden.

· ·

Wer Spaß an der Liebe hat, Liebesmittel geheimnisvoll und spannend findet,
wer gern kocht, mischt und zaubert, wird die erotische Kraft,
die ätherischen Öle, Pflanzen, Kräuter, Harze und Hölzer entfalten,
durchaus genießen. Auch für den, der nicht daran glaubt, daß Pflanzen aphrodisisch
wirken können, ist dieses Buch geschrieben, denn Aphrodisiaka entfalten ihre
Wirkung am besten bei denen, die nicht daran glauben.

Viele Rezepte in diesem Buch sind älter als hundert Jahre.
Alle sind nach ihrer erotisch stimulierenden Wirkung ausgewählt,
die den Zutaten entweder in der Naturheilkunde oder im
überlieferten Zauberwissen zugesprochen wird.

WUNDERLICH

· ·